Kavalkade

Ratgeber

Ulrike und Christiane Gast

Motivations-abzeichen

KOSMOS

Was alle Motivationsabzeichen-Anwärter wissen müssen

Kleines-, Großes und Kombiniertes Hufeisen sowie Hufeisen Westernreiten

Rund um die Reiternadel

Motivationsabzeichen und mehr von A bis Z

Serviceteil

Was alle Motivations-abzeichen-Anwärter wissen müssen

Egal, ob du nun deine ersten Pflege- und Reitkünste mit einem ganz besonderen Hufeisen krönen möchtest oder ob Sie Ihre Selbstverwirklichung im Stall und im Sattel dokumentieren wollen, es gibt das ganz tolle Angebot dieses mit einem richtigen Abzeichen, also mit Lehrgang und Prüfung, zu tun.

Mit so einem Abzeichen macht man auch beim Turnier eine gute Figur.

Die Motivationsabzeichen im Pferdesport!

‣ Die Möglichkeit für Aktive, die im laufenden Kalenderjahr **nicht älter** als 16 Jahre werden:
  - Kleines Hufeisen (Reiten oder Voltigieren)
‣ Die Möglichkeit für Aktive, die im laufenden Kalenderjahr **nicht älter** als 18 Jahre werden:
  - Kombiniertes Hufeisen (Reiten und/oder Voltigieren plus …)
  - Großes Hufeisen (Reiten oder Voltigieren)
‣ Die Möglichkeit für Reiter, die im laufenden Kalenderjahr **mindestens** 16 Jahre alt werden:
  - Reiternadel
  - Kombinierte Reiternadel (Reiten und/oder Voltigieren plus …)
‣ Die Möglichkeit für **alle** Reiter jeden Alters:
  - Hufeisen Westernreiten

Reiten und Voltigieren

Dabei haben die Verantwortlichen der Deutschen Reiterlichen Vereinigung (FN), wie aus der Grafik ersichtlich, keineswegs nur an die Reitanfänger im Lande, sondern auch an die Voltigierer gedacht. Wir haben uns entschieden, uns hier verstärkt dem Pferdesport im Sattel zu widmen.

Motivierte Voltigierer finden ihre Praxisbeispiele im Ratgeber Voltigieren (Gast/Gast: Voltigieren in der Praxis, Stuttgart 2002). Die Lektüre dieser Zeilen ist aber sicherlich auch für die Turner auf dem Pferderücken interessant, da sich die Ratgeber ergänzen. Das gilt insbesondere auch für das Mini-Lexikon, mit dem jeder Ratgeber schließt. Je mehr Bände man besitzt, desto besser sind die Nachschlagemöglichkeiten und desto umfangreicher wird die eigene kleine Pferdebibliothek.

Basiswissen

Beginnen möchten wir mit dem Wissen, das sich jeder Interessent aneignen muss, um ein Hufeisen oder die Reiternadel zu erwerben. Da man nicht zwingend schon ein Motivationsabzeichen besitzen muss, um das nächste zu erwerben, gibt es ein Basiswissen, welches bei allen Motivationsabzeichen-Vorbereitungslehrgängen und -Prüfungen dazu gehört, und dieser Thematik ist dieses Kapitel gewidmet.

Im Moment sieht es so aus, dass jeder Anwärter theoretisch die im Folgenden aufgeführten Aspekte akzeptieren, üben und verinnerlichen muss.

Motivationsabzeichen – auch etwas für Senioren

> ### APO konkret
> ▸ Basiswissen zu Sicherheitsaspekten, Unfallverhütung und Tierschutz: Umgang mit dem Pferd
> ▸ Grundkenntnisse zum Pferdeverhalten, zur Pferdepflege, Pferdefütterung und Pferdehaltung (inklusive der Fachwörter)
> ▸ Elementares zur Ausrüstung und zum Reiten: Aussehen der Ausrüstung, richtige Anbringung, Pflege, Sitz beim Reiten, Hilfengebung und Hufschlagfiguren, Verhalten in der Reitbahn

Und was ist nun praktisch zu tun, um an Stoffabzeichen oder Pin, Nadel und Urkunde zu kommen? Reicht die Mitgliedschaft in einem Reitverein oder ein Ferienkurs, um die Prüfung zu bestehen? Brauche ich ein eigenes Pferd, um mitmachen zu dürfen, und was genau wird in der jeweiligen Prüfung verlangt? Fragen über Fragen, die wir mit Hilfe dieses Ratgebers Schritt für Schritt zu beantworten gedenken, damit es auch wirklich klappt mit dem Abzeichen. Die roten APO-Kästen machen die Ausbildung-Prüfungs-Ordnung verständlich!

Reitverein oder Ferienhof

Nur wer diese Dinge beherrscht und gleichzeitig auch im Sattel fest und zugleich einfühlsam sitzt, für den ergibt sich die Möglichkeit der Teilnahme an der Prüfung – egal ob auf eigenem oder geliehenem Pferd.

Fast jeder Reitverein bzw. Pferdebetrieb in Deutschland führt regelmäßig Motivationsabzeichen-Lehrgänge und -Prüfungen durch. Nachfragen, ob der „Verein um die Ecke" dabei ist, lohnt sich bestimmt. In Vereinen sind der Lehrgang und die Prüfung häufig auch daran gekoppelt, dass man zuvor Mitglied im Club werden muss. Auf Ferienhöfen gehören diese Dinge meist zum Ferienpaket (oft schon mit eingeschlossenem Versicherungsschutz) dazu. Dort sind das Hufeisen oder die Nadel auch ohne Vereinszugehörigkeit oder gar eigenes Pferd erwerbbar.

Diese geringen Einstiegsvoraussetzungen bedeuten allerdings nicht, dass am Prüfungstag ein Vergabekomitee erscheint und jeder sein Abzeichen bekommt. Praktisches Können und theoretisches Wissen gehören auf alle Fälle dazu.

Ohne Training in Theorie und Praxis kein Pin und keine Nadel

Kein Grund zur Sorge. Mit Theorie ist nicht etwa das gemeint, was in kleinen Portionen mühevoll gepaukt wird, um es dann vielleicht einmal zu gebrauchen und

Wer sich auskennt mit Pferd, Stall und Ausrüstung, für den ist die Prüfung kein Problem.

es dann leider wieder zu vergessen. Mit Theorie ist bei den Motivationsabzeichen all das gemeint, was sich nicht direkt im Sattel abspielt: die Pflege des Vierbeiners, Ausrüstungskunde, richtiger Umgang mit dem Partner Pferd als Fußgänger, wortloses Verständnis und Kenntnisse der Gangarten. Dem allen übergeordnet ist die Verantwortung für die (neue) Partnerschaft.

Mit Pferden umgehen heißt, ein lebendiges Natur- und Kulturgut nutzen, beaufsichtigen, begleiten und schützen. Das bedeutet nicht, sich nur einmal wöchentlich ausschließlich für 45 Minuten von einem Pferd tragen zu lassen, weil es der Figur gut tut oder gerade „trendy" ist. Pferdesport ist zeitintensiv! Mindestens doppelt so viel Zeit, wie die, die man im Sattel sitzt, ist anzusetzen, wenn man dem Pferd auch wirklich gerecht werden will. Pferdepflege ist nun mal nicht die Sache von Stallburschen, die damit ihr Geld verdienen.

Pferdepflege muss man praktisch lernen. Und auch die ganze Literatur nützt nichts, wenn sie nur dazu dient, dass das Bücherregal einen guten Eindruck macht. Wer sich jedoch regelmäßig und intensiv (außer reitend) lesend, beobachtend, putzend oder träumend mit dem Pferd und allem, was dazu gehört, beschäftigt, der ist um so schneller am **Ziel**:
Im Besitz eines Motivationsabzeichens!

Außer den Anforderungen im Sattel hat sich der Motivationszeichen-Anwärter mit
▸ Pferdepflege, -fütterung, -haltung und -verhalten
▸ Führen, Satteln, Trensen (mit den Fachbegriffen)
▸ Entwicklungsgeschichte des Pferdes (mit Exterieur und Grundgangarten)
zu beschäftigen.
▸ Sicherheitsaspekte, Unfallverhütung und Tierschutz ergeben sich aus der praktischen Arbeit mit und am Pferd.

B wie Bürste, aber auch wie Beziehungspflege

aus der Box herausgetreten und das Pferd an der dafür vorgesehenen Stelle mit einem professionellen Pferdeknoten nicht zu lang angebunden. Es ist wichtig, dass das Pferd nicht in den Strick treten kann und dass der Knoten vom Zweibeiner jederzeit problemlos geöffnet werden kann.

Es empfiehlt sich, mit dem Ausräumen der Hufe zu beginnen. Sollte nämlich eine bisher unbemerkte Verletzung an der Hufunterseite aufgetreten sein, kann gleich der Tierarzt oder der Hufschmied benachrichtigt werden.
In diesem Fall wird dann das Pferd oder Pony in der Wartezeit geputzt. Würde man erst putzen, hätte das Pferd nur unnötig lange Schmerzen.
Nach dem Auskratzen der Hufe kommen die unzähligen Bürsten zum Einsatz, um das Pferd auf beiden Seiten von vorne nach hinten und vom Kopf bis zu den Hufen zu reinigen und durchzumassieren. Putzen ist Reinigung und Massage und kann deshalb auch nicht ausfallen, nur weil das Pferd sauber aussieht. Der Wohlfühlaspekt seitens des Vierbeiners ist nicht zu unterschätzen.

Den Sicherheitsaspekten ist daher hier kein gesondertes Kapitel gewidmet, sondern es wird im Bedarfsfall immer gleich mit darauf verwiesen, was zu beachten oder zu erledigen oder was aus Sicherheitsgründen zu unterlassen ist.

Die Pferdepflege
Mit der Putzkiste, Halfter und Strick geht's in den Stall bzw. zum Pferd.
Die Kiste wird so abgestellt, dass sie niemand behindert, beim Putzen nicht umgetreten oder mit Haaren und Staub übersät werden könnte. Nachdem das Pferd angesprochen worden ist, wird die Box geöffnet. In der Box wird das Halfter angebracht, mit dem Pferd

Putzkoffer mit Inhalt. Wer weiß schon, wie alles heißt?

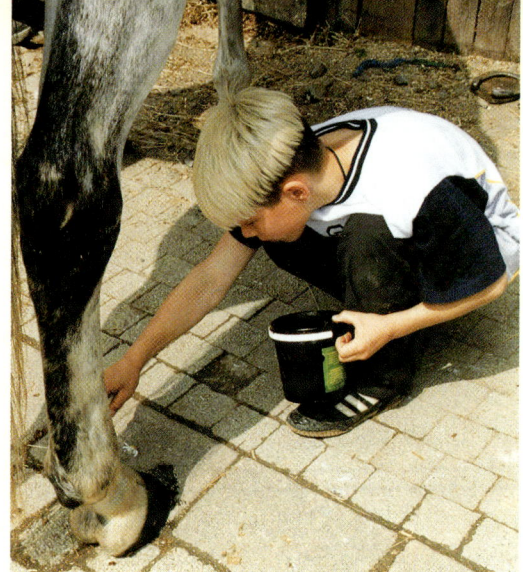
Hufe einfetten

Das Putzzeug

...ist dein Handwerkszeug! Wiederholte „Bestimmungsübungen" (Was heißt wie und wird wo gebraucht?) bringen Sicherheit und im Übrigen gilt: **Putzen lernt man nur durch Putzen!**

Wichtige Hitliste zum Putzen:

▸ Sprich das Pferd immer an, bevor du dich (wieder) näherst, um gefährliche Situationen durch Erschrecken zu vermeiden.

▸ Benutze für jedes Pferd ein anderes Putzzeug. – Du teilst deine Zahnbürste ja sicher auch mit niemandem. Außerdem werden so Fellkrankheiten nicht unbedingt übertragen.

▸ Binde das Pferd mit einem Strick mit Panikhaken

Schweif verlesen

und Pferdeknoten nicht zu lang an. Achtung! Nur an festen Gegenständen oder Anbinderingen, nicht an Boxentüren oder ungesicherten Anhängern anbinden!

▸ Benutze keine groben, unflexiblen Bürsten für die Reinigung von Körperteilen, bei denen sich direkt unter der Haut kaum Muskeln, dafür aber Knochen befinden, wie beispielsweise am Kopf oder am unteren Teil der Beine.

▸ Entferne zunächst den groben Schmutz, bevor du mit Kardätsche und Striegel von oben nach unten Glanzpunkte setzt. (Anders herum würde das Pferd auch erneut dreckig.)

▸ Während du das Deckhaar mit Bürsten bearbeiten darfst, musst Du das Langhaar ganz vorsichtig in Handarbeit versorgen, sprich der Schweif wird „verlesen". Beim Einsatz der Bürste gehen viel zu viele Haare verloren, und da die Schweifhaare mindestens 3 Jahre benötigen, bevor sie den Fesselkopf wieder erreicht haben, muss man hier vorsichtig sein!

▸ Mit zwei Schwämmen sorgt der Zweibeiner dafür, dass der neue Freund auch im Gesicht, an den Augen und Nüstern, und hinten herum, an Euter, Schlauch und After, frisch bleibt.

▸ Mit einem Wolllappen kann dann auch noch der ganz feine Reststaub entfernt werden.

▸ Mit Huffett werden die Hufe geschmeidig gehalten und auf Hochglanz gebracht.

▸ Wem dies alles nicht reicht, der kann dann auch noch Fellglanz-, Mähnen- und Schweifspray zum Einsatz kommen lassen.

▸ Für das tägliche Training dürfte dies zum Putzen genügen. Für die Prüfung kommen dann noch das Einflechten der Mähne und sogar des Schweifes hinzu.

Pferdefütterung

Natürlich übernimmt die Fütterung in der Regel der Besitzer der Anlage oder ein Angestellter. Man stelle sich nur die Unruhe vor, wenn tatsächlich 20 Personen gleichzeitig und durcheinander laufend genau nur ihren Vierbeiner bedienen oder gar das empörte Gebaren der Vierbeiner, wenn das erste Pferd bereits um 5:00 Uhr Frühstück bekommt und das letzte erst um 9:00 Uhr mit seiner ersten Mahlzeit versorgt wird. Dass die Fütterung regelmäßig von anderen erledigt wird, bedeutet aber auf keinen Fall, dass der Reiter und Pferdebesitzer in diesem Punkt nichts wissen muss. Schließlich müssen Fachgespräche mit dem Futtermeister über die richtige Ration geführt werden. Oder wie kann das Preis-Leistungs-Verhältnis eines Einstellerbetriebes überprüft werden, wenn keinerlei Grundkenntnisse vorhanden sind?

Damit die Informationen zu dieser Thematik überschaubar und leicht lernbar sind, hier die wichtigsten im Überblick:

▸ Pferde brauchen täglich mindestens 40 – 60 Liter Wasser. In der Regel sind Selbsttränken zur Selbstbedienung vorhanden – ob sie jedoch intakt und sauber sind, hat der Reiter regelmäßig zu kontrollieren.

So macht Theorie Spaß: anschaulich und begreifbar.

- Pferde und Ponys brauchen mindestens drei, besser noch fünf Mahlzeiten täglich, da sie nur einen kleinen Magen, dafür aber einen schier endlosen Darmtrakt besitzen.
- Pferde benötigen Saftfutter (Gras, Rüben, Möhren), Raufutter (Heu, Stroh) und Kraftfutter (Hafer, Pellets). Die Menge des Futters richtet sich vornehmlich nach der Körpergröße des Pferdes und seinem täglichen Arbeitsprogramm.
- Pferde benötigen auch Einstreu (Stroh, Sägespäne) für ihre Box, die regelmäßig erneuert werden muss. Sonst wird der Stall zur Brutstätte für Krankheitserreger oder stinkt nach Ammoniak.
- Pferde sind in der freien Natur 12 bis 16 Stunden mit der Nahrungsaufnahme beschäftigt. Wer ihnen einen anderen Rhythmus auferlegt, muss beachten, dass Pferde Verdauungspausen von etwa 60 Minuten nach den Mahlzeiten brauchen.
- Minerallecksteine sind wichtig, um die Pferde mit Vitaminen und Mineralien zu versorgen.

Pferdehaltung

Der Pferdebesitzer sollte sich Gedanken darüber machen, welche Anlage in der näheren oder weiteren Umgebung am besten zu der eigenen Einstellung und Reitweise passt.

Auf Dauer ist es vermutlich sehr unbefriedigend, der einzige Freizeitreiter in einem Turnierstall (oder umgekehrt) zu sein. Mit wem über den Erfolg bei einem Turnier quatschen oder woher einen Mitreiter für das Gelände nehmen?

Hier die wichtigsten Unterbringungsarten:

- Bei der **Robustpferdehaltung** werden die Pferde und Ponys ganzjährig auf einer Weide mit Unterstand gehalten. Das Haarkleid der Vierbeiner entspricht der Jahreszeit und der Zweibeiner darf keinesfalls Angst davor haben, sich schmutzig zu machen, denn nicht selten ist „Gummistiefelwetter".

- Bei der **Offenstallhaltung** können die Pferde zwischen drinnen und draußen wählen. Die Weidefläche pro Pferd ist begrenzt, dafür gibt es aber genügend Auslauffläche und Zusatzfutter im eigenen Fressstand. Hier braucht der Reiter schon ein bisschen Mut und Überblick, um seinen Sportkameraden gefahrlos aus der Herde zu holen. Er braucht aber auch kein schlechtes Gewissen zu haben, wenn er mal an einem Tag in der Woche keine Zeit für sein Pferd hat. Das steht nämlich nicht wartend in der Box, sondern bewegt sich ganz einfach mit seinen Artgenossen.

- Bei der **Boxenhaltung** steht jedes Pferd in seiner eigenen Mini-Wohnung. Ohne große persönliche Umstände ist ein solches Pferd für den Reiter greifbar. Mit diesem Entgegenkommen wächst aber auch der persönliche Einsatz des Reiters. Hier ist kein Artgenosse, der Beziehungspflege oder Bewegung übernehmen könnte, in Sicht. Und es ist kein ausreichender Raum, der das Reiten mal erübrigt, vorhanden. Die Entscheidung über die Unterbringung hängt von der Reitweise, dem Terminkalender und der Geldbörse ab (Gast/Gast: Pferdekauf in der Praxis, Stuttgart 2002).

Es gibt eigentlich kein schlechtes Wetter, nur …

Mein Pferd und ich als Fußgänger – Führen

Leider passieren die meisten Unfälle mit Pferden nicht etwa auf oder vom Pferderücken, sondern im Umgang mit diesen eigentlich doch so friedlichen Tieren. Bedenke daher:

▸ Pferde sind immer umsichtig und vorausschauend zu führen. Man führt immer weit genug um Artgenossen herum, damit sich diese nicht plötzlich bedroht fühlen und vielleicht sogar ausschlagen.

▸ Pferde sind eigentlich mit der rechten Hand zu führen und meistens auch daran gewöhnt. Linkshänder sollten jedoch ruhig ihre starke Seite benutzen und von rechts führen, bevor sie dem Pferd Ungeschick und sogar Schwäche signalisieren.

▸ Wendungen werden vom eigenen Körper weg durchgeführt, das bedeutet, das Pferd läuft auf dem kleinen Innenradius und der Führer außen herum. Unachtsamkeiten in diesem Punkt führen schnell zu blauen Zehen.

▸ Auch am Boden hat der Mensch den ranghöheren Artgenossen zu ersetzen. Wer sich beim Führen sozusagen auf der Nase herumtanzen lässt, der muss sich nicht wundern, wenn das unter dem Sattel irgendwann auch der Fall ist!!!

Ausrüstung: Satteln und Trensen

Neben dem eigenen Putzzeug besitzt jedes Pferd und jedes Pony seine eigene Ausrüstung. Bei Schulpferden handelt es sich dabei in der Regel um einen Sattel mit Unterlage(n), eine Trense, ein bis zwei verschiedenen Hilfszügeln, Gamaschen (selten Bandagen) und vielleicht sogar eine Abschwitzdecke.

Unten siehst du, wie die Sache mit dem „**Anziehen**" und „**Umziehen**" funktioniert:

▸ Wichtig ist, dass alle Ausrüstungsgegenstände regelmäßig gepflegt und auf eventuelle Bruchstellen hin untersucht werden und nur ordentlich verschnallt oder glattgezogen zum Einsatz kommen.

▸ Außerdem müssen alle Ausrüstungsgegenstände sauber gemacht oder gewaschen werden, um nicht nur Unbehagen von Seiten des Pferdes sondern auch Druckstellen vorzubeugen.

▸ **Routine beim Satteln und Trensen bekommt man nur durch Satteln und Trensen: Also dann nichts wie ran und dran bleiben.**

Das am Halfter angebundene Pferd wird zunächst gesattelt und dann getrenst.

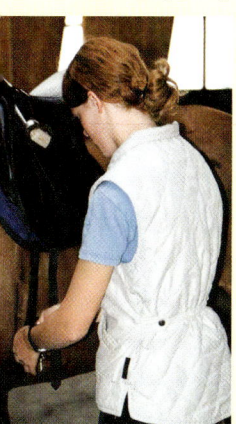
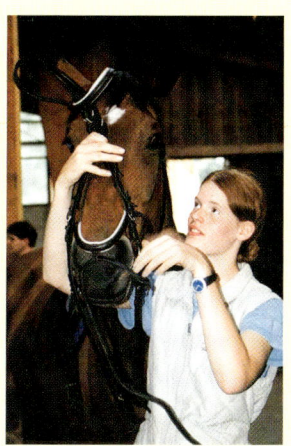
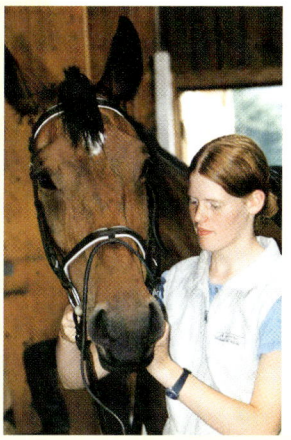
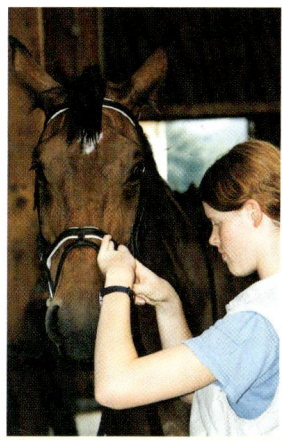

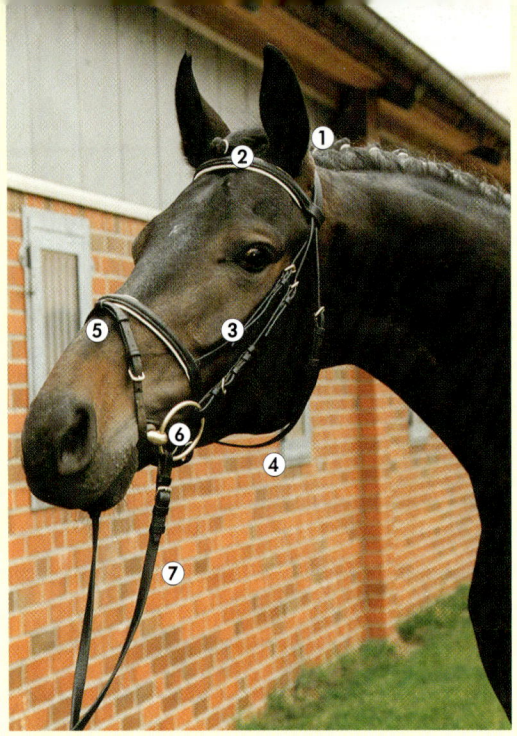

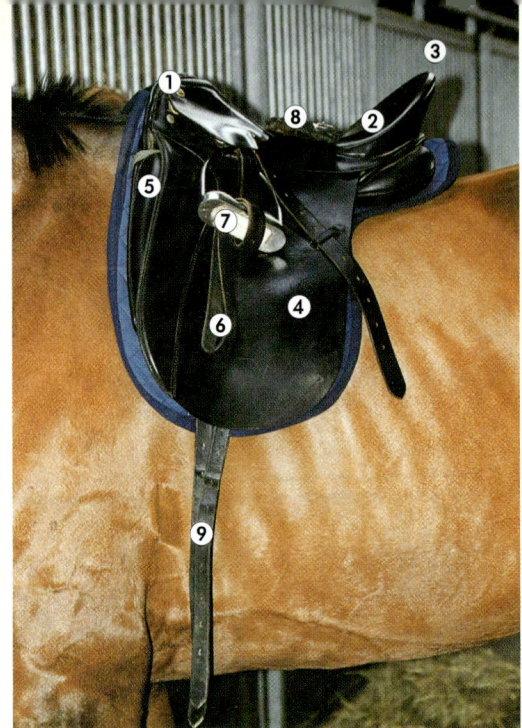

① *Genickstück,* ② *Stirnriemen,* ③ *Backenstücke,* ④ *Kehlriemen,* ⑤ *Nasenriemen mit Sperrriemen,* ⑥ *Gebiss,* ⑦ *Zügel*

① *Sattelkammer,* ② *Sitzfläche,* ③ *Sattelkranz,* ④ *Sattelblatt,* ⑤ *Sattelpauschen,* ⑥ *Steigbügelriemen,* ⑦ *Steigbügel mit Steigbügeleinlage,* ⑧ *Sattelgurt,* ⑨ *Gurtstrupfen*

Entwicklungsgeschichte: Exterieur und Grundgangarten

Die Geschichte der Pferde ist zwar imponierend lang, aber hier und jetzt wird nicht auf die rund 60 Millionen Jahre – sondern nur auf die **Ergebnisse** eingegangen:

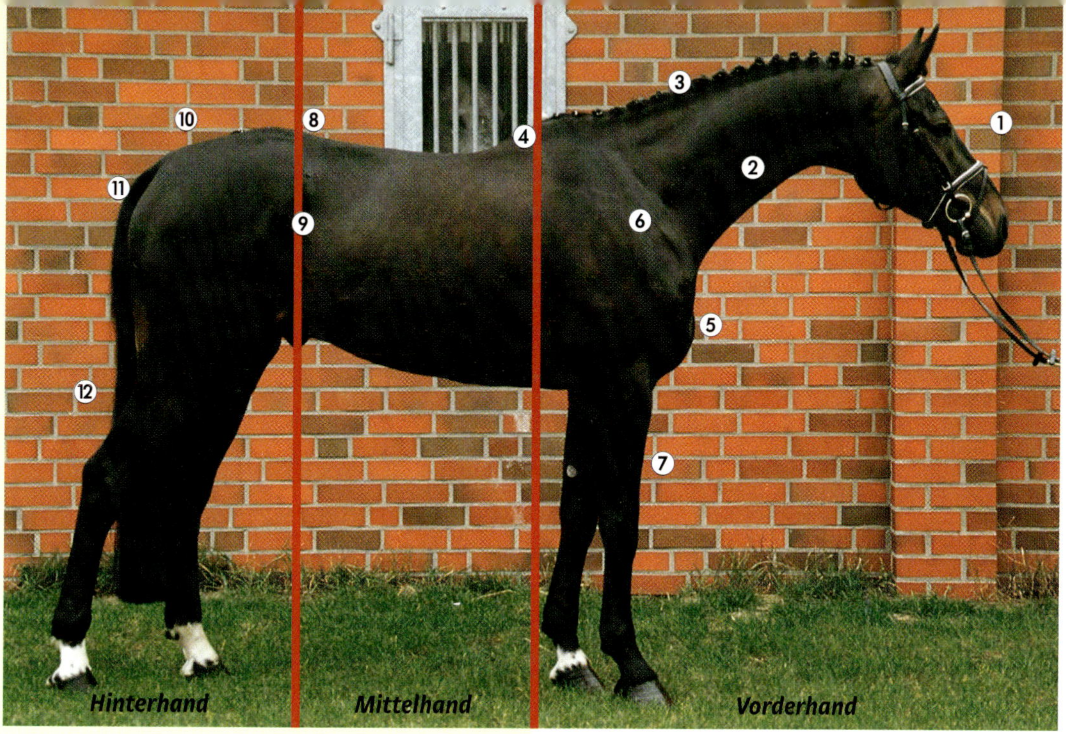

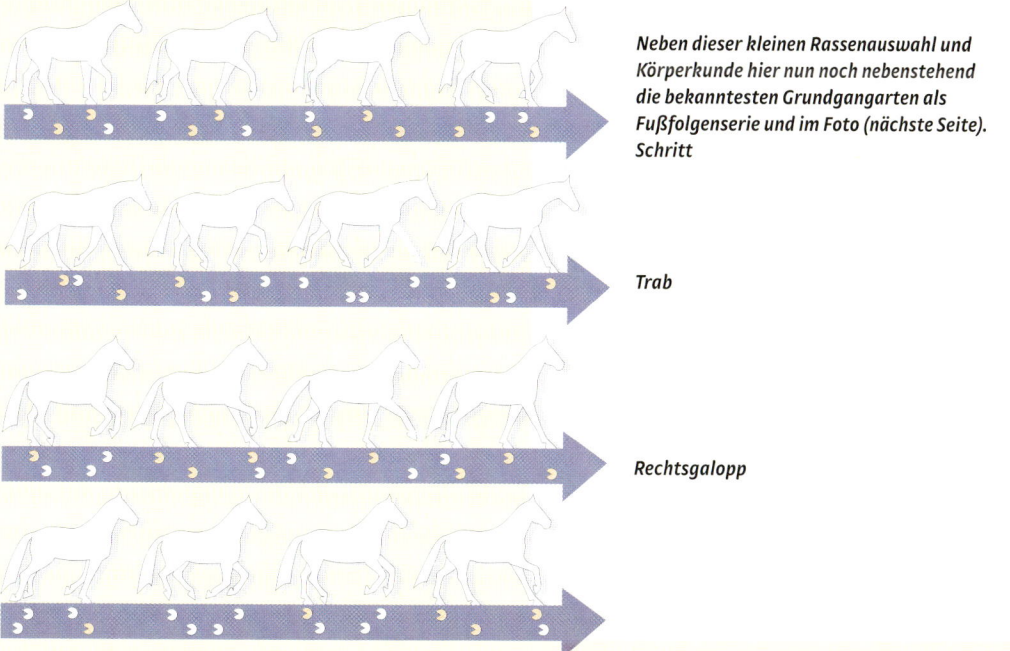

① Kopf, ② Hals, ③ Mähne, ④ Widerrist, ⑤ Brust, ⑥ Schulter, ⑦ Vorderbeine (Vorderfußwurzelgelenk, Fessel, Huf), ⑧ Rücken, ⑨ Flanke, ⑩ Kruppe, ⑪ Schweif, ⑫ Hinterbeine (Knie, Sprunggelenk, Fessel, Huf)

Neben dieser kleinen Rassenauswahl und Körperkunde hier nun noch nebenstehend die bekanntesten Grundgangarten als Fußfolgenserie und im Foto (nächste Seite).

Schritt

Trab

Rechtsgalopp

Schritt　　　　　　　　　　　　*Trab*　　　　　　　　　　　*Linksgalopp*

Darüber hinaus sei zumindest erwähnt, dass einige Pferderassen (wie Isländer oder Paso Finos) über die Gangarten Tölt und Pass verfügen, die ebenfalls eine

Stolz auf das Abzeichen und die Turnierteilnahme

ganz charakteristische Fußfolge kennzeichnet.

Der Vollständigkeit halber solltest Du wissen: Pferde sind Flucht-, Lauf- und Herdentiere. Das heißt zum einen, dass sie die Geselligkeit lieben, und zum anderen, dass sie auf vermeintliche Gefahr am liebsten mit Flucht reagieren. Ihr Bewegungsapparat und ihre Sinnesorgane sind auch heute noch darauf ausgelegt.

▶ Pferde können besser sehen, hören, riechen, schmecken oder fühlen als Menschen. Sie können fast ganz um sich herum sehen, mit ihren Ohren für uns Ungeahntes wahrnehmen und sogar im Schlaf Fliegen durch Zuckungen abwehren. Außerdem reagieren Pferde auf Stimmen und Stimmungen und sogar auf unangenehme Gerüche, wie z.B. Schweiß oder Alkohol. (Re-)Aktionen sind also zu hinterfragen, **nicht** zu ahnden.

Die Prüfung

Bei der Prüfung ist nicht nur der individuelle Einsatz im Sattel gefragt, sondern auch eine Gruppenprüfung in puncto Theorie. Gruppenprüfung heißt, wenn der eine oder die andere trotz guter Vorbereitung mal etwas nicht weiß, greifen die anderen einfach ein, und zum Schluss haben dann auch wirklich alle ihr Motivationsabzeichen.

Kleines -, Großes- und Kombiniertes Hufeisen sowie Hufeisen Westernreiten

Kleines Hufeisen

Kinder und Jugendliche, die bis zum Kalenderjahresende nicht älter als 16 Jahre werden, sind prinzipiell zu dieser Motivationsabzeichen-Prüfung zugelassen. **Die Anforderungen in puncto Theorie haben wir ja schon dargestellt, bliebe noch die Praxis.** An einem oder zwei aufeinander folgenden Tagen sollten die Anwärter im praktischen Teil folgenden Anforderungen gewachsen sein, beziehungsweise sie sogar spielend erledigen...

Motivationsabzeichen sind Gruppen- und Wir-Gefühl pur

Auf die Aktion neben dem Pferd sind wir schon genau eingegangen. Wir gehen davon aus, dass ihr beim Führen, Pflegen, Satteln und Trensen all das, was ihr da tut, mit entsprechende Fachwörtern belegen und intensivieren könnt. Je älter der Teilnehmer ist, desto höher ist übrigens die Erwartung der Prüfungskommission in diesem Punkt. Die Knirpse haben da einen Vorteil, aber sie sind ja auch noch viel weiter weg von irgendwelchen Leistungsabzeichen. Für sie kann ein Motivationsabzeichen eine tolle Generalprobe sein .

Vor dem Aufsteigen

Das richtige Bügelmaß wird hier beschrieben:
Die Länge des Arms bis zur Achselhöhle abgemessen, damit liegt ihr sicherlich immer ganz gut – über ein Loch hin oder her reden wir jetzt ganz einfach nicht – das wird dann später von oben aus dem Sattel heraus korrigiert.

Betreten der Bahn

Damit ihr euch nicht blamiert, solltet ihr die Bahn bereits professionell betreten: Das heißt, ihr fragt, ob die **Tür frei** ist und wartet die Antwort ab, bevor ihr mit eurem Gefährten gefahrlos ins Viereck marschiert. Entlang der Mittellinie (Verbindungslinie C–A) wird dann eventuell noch einmal nachgegurtet und dann aufgesessen.

Auf dem Weg zum sicheren, losgelassenen Sitz

Natürlich gibt es Naturtalente, denen man kaum etwas erklären muss und die von Beginn an im Sattel so geschickt sind, als ob sie nie etwas anderes gemacht oder heimlich geübt hätten. Longenstunden und Einheiten am Führzügel verhelfen aber auch den etwas Zögerlichen zum Erfolg und eignen sich später gut, um den Sitz auf Niveau zu halten oder durch gezielte Übungen noch weiter zu verbessern.

Vor dem Körper engegengesetzte Kreise beschreiben

Mit einer Hand den Bauch reiben und mit der anderen die Kappe klopfen

Spielereien mit Daumen und Zeigefingern

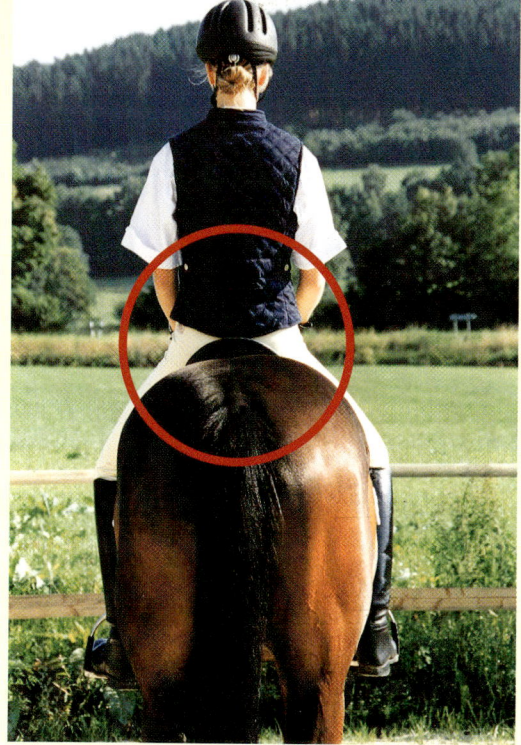

Focus: Bewegungszentrum

Hier eine Anzahl von Übungen, bei denen ihr die Hände frei haben müsst und die dafür sorgen, dass euer Becken automatisch mit der Pferdebewegung mitgeht:

▶ Mit den Zeigefingern vor dem Oberkörper gegeneinander Kreise beschreiben.

▶ Mit einer Hand den Bauch reiben und mit der anderen auf die Kappe klopfen – plus Seitenwechsel.

▶ Mit Zeigefingern und Daumen beider Hände ein Rechteck bilden, Druck auf die oberen Finger bringen, unten lösen und nach oben ein neues Rechteck bilden.

▶ Hände auf die Oberschenkel legen, dann die rechte Hand zur Nase und die Linke ans rechte Ohrläppchen führen, wieder auf die Schenkel klopfen und dann die linke Hand an die Nase und die rechte Hand ans linke Ohrläppchen führen und so weiter (siehe Fotos unten).

Wer dies und andere Übungen kann, für den ist dann sicherlich das Einnehmen des korrekten Sitzes (mit

Schon mal... *...das hier...* *...ausprobiert?*

Ellbogen – Handgelenk – Gebiss

Schulterblätter – Gesäß – Absatz

den entsprechenden Achsen) kein Problem mehr. Ein guter Sitz ist die Grundlage für korrekte Hilfengebung (siehe Großes Hufeisen, Seite 19) und das Hintereinanderreiten, das Durcheinanderreiten und das Einzelreiten.

Großes Hufeisen

Kinder und Jugendliche, die bis zum Kalenderjahresende nicht älter als 18 Jahre alt werden und vielleicht schon das Kleine Hufeisen haben oder dieses aus Altersgründen nicht mehr machen können, sind bei entsprechendem Interesse und Können grundsätzlich zugelassen.

Die Anforderungen in puncto Theorie wurden ja bereits an anderer Stelle so praxisbezogen wie möglich behandelt, bliebe also noch die Praxis.

An einem oder zwei aufeinander folgenden Tagen sollten die Prüflinge im praktischen Teil folgenden Anforderungen gewachsen sein, beziehungsweise sie sogar spielend erledigen...

APO konkret

Neben dem Pferd

▸ Führen mit Wenden, Anbinden, Passieren anderer Pferde

▸ Körperpflege und Versorgung des Pferdes vor und nach dem Reiten

▸ Satteln, Zäumen, Bügel verschnallen

Auf dem Pferd

▸ Bahndisziplin, Auf- und Absitzen, Nachgurten

▸ Reiten eines Dressurreiterwettbewerbes

▸ Reiten im Außengelände, auf dem Platz und Reiten über Cavalettis und andere kleinere typische Hindernisse

▸ Und das Ganze, wie gehabt, mit angemessenem Sitz, richtiger Hilfengebung und „Fairnunft".

Bahndisziplin

Die Aktivitäten neben dem Pferd sind sicherlich inzwischen bekannt. Kommen wir also wieder direkt zur

Auch Abteilungsreiten will gelernt sein.

Bahndisziplin (Teil II). Damit in der Halle auch dann kein Chaos ausbricht, wenn niemand konkrete Kommandos ausspricht, ist es wichtig, die **Tempo- und Vorfahrtregelungen** zu beachten.

Das wären:

▸ Der oder die Langsameren geben den Hufschlag frei. Reite ich noch Schritt, während andere bereits traben, tue ich dies aus Sicherheitsgründen auf dem dritten oder vierten Hufschlag.

▸ Begegnen sich zwei Reiter in gleichem Tempo, so hat der auf der rechten Hand reitende (frühzeitig) auszuweichen oder abzuwenden.

▸ „Ganze Bahn vor Zirkel" bedeutet: reitet ein Aktiver ganze Bahn und ein anderer auf dem Zirkel, so muss der auf dem Zirkel dem anderen „Vorfahrt" gewähren.

Die Sache mit der Hilfengebung

Korrekte Hilfengebung kann nur aus einem soliden Sitz heraus erfolgen. Wer also mit sich und dem „Obenbleiben" noch genug zu tun hat, sollte keinem Pferd seine eigenen Aufforderungsversuche zumuten! Hilfengebung kann eigentlich auch mit „**wortloser Verständigung**" zwischen Reiter und Pferd übersetzt werden. Die Körpersprache sollte aber eindeutig sein, damit bei demjenigen, für den die Signale gedacht sind, keine Fehlmeldungen eingehen.

Grundsätzlich werden **Gewichts-, Schenkel- und Zügelhilfen** unterschieden. **Stimmhilfen** können eine äußerst praktische Zusatzhilfe sein.

Eigentlich ja eine ganz klar abgegrenzte Sache, aber Reiten besteht eben nicht aus einer immer wieder anderen Abfolge dieser drei Hilfen, sondern aus deren immer wieder anderem **Zusammenspiel**.

Wir haben fair-standen! Wir machen noch mehr Motivationsabzeichen!

Reiterin im Entlastungssitz

Annehmen und Nachgeben im richtigen Moment will genau so gelernt werden, wie Be- und Entlastung oder die richtige Positionierung der Beine. Jede Gangart verlangt unterschiedliche Hilfen, jeder Richtungswechsel und jedes Durchparieren erst recht. Um das alles zu begreifen, braucht man schon etliche Stunden im Sattel, einen einfühlsamen Ausbilder und ein nicht nachtragendes Pferd oder Pony. Dann klappt es auch mit dem Großen Hufeisen.

Draußen Reiten – über Hindernisse

Wer erwartet, in diesem Ratgeber auf zwei Seiten zusammengefasst all das zu erfahren, was aus einem Reiter einen Springreiter macht, den müssen wir leider enttäuschen. Wir würden das zwar gern tun, aber es ist schlicht und ergreifend unmöglich. Euch bleibt also nicht erspart, eurem Reitlehrer genau zuzuhören und noch weitere Bücher zu wälzen, um über Cava-

lettis, Stangen oder gar Baumstämme und Bürsten (=Minihecken) zu gelangen. Aber keine Angst, wenn euch euer Ausbilder zutraut, das Große Hufeisen zu machen, dann hat er sich schon etwas näher mit euren Qualitäten im Sattel beschäftigt. Außerdem werdet ihr zunächst drinnen das Reiten mit verkürzten Bügeln und im leichten Sitz (=Entlastungssitz) üben, bevor es über die Minihindernisse geht. Hand aufs Herz, die sind in der Regel so niedrig, dass es maximal ein Problem des Kopfes ist, nicht störungsfrei hinüber zugelangen. Also nur Mut und an den Vierbeiner geglaubt, dann ist auch dieser Prüfungsteil kein Grund zur Sorge.
Viel Spaß beim ersten Sprung!

Kombiniertes Hufeisen

Kinder und Jugendliche, die bis zum Kalenderjahresende nicht älter als 18 Jahre alt werden, sind auch prinzipiell bei dieser Motivationsabzeichen-Prüfung zugelassen.

Im Gegensatz zu den schon bekannten Prüfungen besteht das Kombi-Hufeisen nicht aus einem praktischen und einem theoretischen Teil, sondern aus verschiedenen Praxisblöcken. An einem oder zwei aufeinander folgenden Tagen haben die Prüflinge im Rahmen des „Pferdeblocks" zu Reiten und/oder zu Voltigieren und aus dem „Ergänzungsblock" eine oder zwei weitere sportliche Betätigungen zu wählen und zu absolvieren.

Wir gehen davon aus, dass auch ein Kombi-Hufeisen-Aspirant das Führen, Pflegen, Satteln und Trensen beherrscht. Wir möchten hier Appetit auf die Kombi-Prüfung machen, indem wir ganz einfach drei denkbare **Praxismodelle** vorstellen (siehe Seite 21). Natürlich gibt es noch uneingeschränkt weitere Möglichkeiten – aber mit einem brauchbaren Konzept in der Hand entwickeln sich die eigenen Wünsche viel leichter. Apropos Wünsche: Neben den bereits aufgeführten

Möglichkeiten sind aber sicherlich auch nicht aufge-
führte denkbar – bei der Kombi-Reiternadel geht es
jedenfalls. Das heißt, euer Ausbilder sollte sich mit der
FN direkt in Verbindung setzen, damit eure neue
Trendsportart auch in Verbindung mit Reiten eine
Chance bekommt.

Über Stangen reiten

APO komprimiert

Grundblock

▸ Reiten einer von den Bewerbern selbstständig
  zusammengestellten (Gruppen) Aufgabe, zwei
  bis vier Teilnehmer
▸ Reiten mit verkürzten Bügeln einschließlich
  Überwinden kleinerer Hindernisse (Cavaletti,
  Kreuz)
▸ Absolvieren eines von den Bewerbern selbst-
  ständig zusammengestellten Geschicklichkeits-
  parcours
▸ Oder Voltigieren

Ergänzungsblock

▸ Laufen oder Schwimmen oder Inline Skaten
▸ Radfahren oder Mountainbiking
▸ Skilaufen oder Skilanglauf
▸ Mannschaftssportarten (15 Minuten): Handball
  oder Fußball oder Basketball oder Volleyball
  oder Hockey oder...
▸ Spiele (3 verschiedene)
▸ Streckenritt gemäß Handbuch Pferdesport

Und das Ganze natürlich den reiterlichen und
sportlichen Grundsätzen gemäß.

Kombi-Hufeisen-Praxis-Modelle
Modell I
Reiten z. B.
▸ Reiten einer Dressurprüfung der Kl. E
(siehe FN-Aufgabenheft)

Ein Kreuz überspringen

▸ Reiten mit verkürzten Bügeln auf dem Außenplatz,
wenn möglich auch über Bodenwellen
▸ Springen einer kleinen Gymnastikreihe (vier Sprün-
ge), eventuell In-out-Sprung
▸ Geschicklichkeitsparcours:
  · Durchreiten eines **L** und eines **U**
  · Über eine Wippe reiten
  ·Bierdeckel von einem Ständer zum anderen
  transportieren

Handball (15 Minuten) z. B.
Dribbeln, Passen, Fangen, Ziel-(Tor)wurf, Sprungwurf
Hockey (15 Minuten) z. B.
Vorhand-und Rückhanddribbling,
Doppelpass, Vorhand- und Rückhandzieher, Torschuss

Modell II:
Reiten z. B.

- Reiten eines Dressurreiterwettbewerbs inklusive der Beachtung der die Hufschlagfiguren unterstützenden Kegel, Stangen oder Blöcke.
- Reiten mit verkürzten Bügeln auf einem Mini-Geländeritt
- Springen eines Mini-Parcours (drei Sprünge jeweils von beiden Seiten)
- Geschicklichkeitsparcours:
  - Eier- oder Golfballtransport über eine vorgegebene Strecke
  - „Tonnenrennen": Umreiten von drei Tonnen mit vorgeschriebenem Weg – mehr oder weniger in Westernmanier (barrel-racing)
  - Durchreiten eines Flatterbandtores (siehe oben)

Inline Skating 30 Minuten
Streckenritt gem. FN Handbuch-Pferdesport

Modell III:

Reiten z. B.

- Reiten einer vierminütigen Musik-Quadrille in allen drei Grundgangarten
- Reiten mit verkürzten Bügeln beim Witwe-Bolte-Gedächtniszirkel: Alle vier Reiter verteilen sich auf einer Hand gleichmäßig auf dem Zirkelbogen. Dann erhält jeder das Ende einer (verkürzten) Longe in die Hand. Die freien Longenenden sind miteinander verknotet. Wie lange schaffen sich die vier Reiter (in jeder Gangart) im Kreis zu drehen, ohne dass der Knoten den Boden berührt?
- Springen eines Springreiterwettbewerbs (Hindernisse mit maximal 65 cm)
- Geschicklichkeitsparcours:
  - Wasser-/Sprudeltransport (mit Messbechern in Eimer, über eine vorgegebene Strecke)
  - Slalomritt um circa sechs Ständer
  - Eine bestimmte Strecke reiten, dann absteigen, mit Pferd am Zügel in einen Blaumann krabbeln, ohne Hilfe aufsteigen und zurückreiten

Schwimmen 15 Minuten
Mountainbiking 30 Minuten

Nun, auf den Geschmack gekommen?
Dann nichts wie hin zu eurem Ausbilder und euren Reiterkameraden, um die Ideen durchzusprechen und möglichst bald einen Lehrgang mit Training in allen Disziplinen und anschließender Prüfung durchzuführen.

Hufeisen Westernreiten

Zugelassen sind alle Reiter – egal wie alt. Die aus einem praktischen und theoretischen Teil bestehende Prüfung ist vergleichbar den Anforderungen im so genannten Englisch-Reiten. Es geht um Basis-Anforderungen und nicht um Spitzen-Leistungen. Neben dem Handling des Rosses ist eine einfache Horsemanship-Aufgabe zu lösen. Das Ganze wird noch besprochen, bevor auch hier das Ergebnis beider Prüfungsteile „bestanden" lautet. Bei Interesse an diesem Hufeisen ist die Kontaktaufnahme mit Reitern und Ausbildern dieser Disziplin empfehlenswert. Außerdem ist die Lektüre der einschlägigen Literatur vonnöten, damit man praktisch und theoretisch auf der Höhe und damit bald auch im Besitz dieses Hufeisens ist.

Rund um die Reiternadeln

Jugendliche, die im laufenden Kalenderjahr mindestens 16 Jahre alt werden, und auch Erwachsene sind prinzipiell zu dieser Motivationsabzeichen-Prüfung zugelassen.

Die Anforderungen in puncto Theorie haben wir ja schon zum größten Teil versucht, so praxisbezogen wie möglich darzustellen. Ein wichtiges Thema der theoretischen Prüfung ist jedoch noch nicht erwähnt: Kenntnisse über das reiterliche Verhalten in Feld, Wald und auf der Straße (Siehe dazu S. 26).

Bliebe noch der praktische Teil: An einem oder zwei aufeinander folgenden Tagen sollten die Anwärter neben der Theorie in der Praxis folgenden Anforderungen gewachsen sein, beziehungsweise sie sogar spielend erledigen...

Reiten hält fit: Gemeinsam sind wir 97 Jahre alt!
Nachgurten vom Boden

Neben dem Pferd
- ▸ Führen mit Wendungen, Anbinden, Passieren anderer Pferde
- ▸ Körperpflege des Vierbeiners vor und nach dem Reiten
- ▸ Satteln, Zäumen, Bandagieren, Bügel verschnallen

Auf dem Pferd
- ▸ Bahndisziplin, Auf- und Absitzen, Nachgurten
- ▸ Hintereinanderreiten (inklusive Hufschlagfiguren) und eventuell Reiten über Cavaletti, um Tonnen oder Ständer
- ▸ **und** entweder * Springen über sechs bis acht Einzelhindernisse (0,60–0,90 cm hoch)
- ▸ oder * Einzeln und in der Gruppe den Balancesitz in allen drei Grundgangarten zeigen

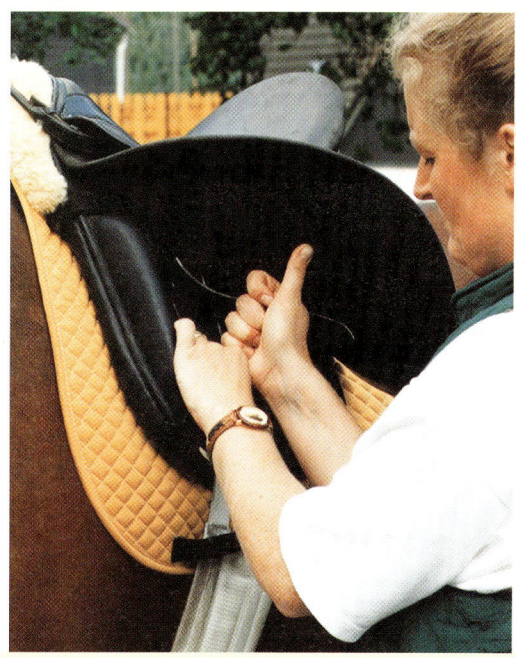

Nachgurten aus dem Sattel

Tierschutz: Ja bitte!

Prüfung für Wiedereinsteiger?

Was, Sie meinen, das wäre für Sie als Späteinsteiger oder Wiedereinsteiger nichts? Finden wir nicht, denn wie könnten Sie Ihr Wissen in puncto Pferd und Reiten besser unter Beweis stellen, als auf diese Art und Weise? Gemeinsam mit Gleichgesinnten an einem kleinen Lehrgang teilzunehmen und anschließend sein Wissen auch an den Mann oder die Frau zu bringen, ist doch eine tolle Sache, oder? Außerdem klappt mit der richtigen Einstellung fast alles und Sie sind es dem Pferd doch auch schuldig, zu versuchen, alles mit bestem Wissen und Gewissen zu machen. Die Alternative wäre, einsam und allein vor sich hin zu „brö-seln" – sicherlich nur eine Notlösung.

Tierschutzgesetz

In diesem Zusammenhang sei auch kurz auf das Tier-schutzgesetz verwiesen. Darin steht unter anderem, dass niemand einem Tier ohne vernünftigen Grund Schmerzen, Leiden oder Schäden zufügen darf. Bei Nichtbeachtung des Tierschutzgesetzes kann ein Tier dem Halter entzogen werden. Außerdem können Strafen und Bußgelder verhängt werden. So viel zum Tier-schutzgesetz, wer noch mehr oder Genaueres wissen möchte, kann dies im BGB (Bürgerliches Gesetzbuch) oder auch in der LPO nachlesen, denn dort ist ein Aus-zug aus dem Tierschutzgesetz abgedruckt. Nicht nur für die Reiternadelprüfung sollte schon jeder wissen, wie es um die Rechte der Tiere steht.

Gelungene Kontrolle

Für den Wiedereinsteiger ist die Reiternadel übrigens auch eine gelungene Überprüfung und Kontrolle, falls er doch vielleicht noch mal zurück zum Turniersport tendieren sollte oder sich irgendwann sogar auch noch einer Leistungsabzeichenprüfung unterziehen will. Bei der Reiternadel heißt es bestanden oder nicht bestanden. Es werden aber nicht gleich Wertnoten verteilt, mit denen man sich vielleicht sofort in eine Schublade gesteckt fühlt. Hier können Erfahrungen gemacht werden: Bin ich noch fit genug, um daraus wieder Leistungssport zu machen? Habe ich die Nerven für derartige Aufgaben noch? Habe ich das richtige Pferd für mich und meine Ambitionen?

Höhepunkte: Motivationsabzeichen und gemeinsame Ausritte

Prüfungsinhalte

Nun aber weiter mit den Prüfungsinhalten die Reiternadel betreffend: Auf die Aktivitäten neben dem Pferd sind wir sicherlich schon genug eingegangen. Wir gehen davon aus, dass Sie beim Führen, Pflegen, Satteln und Trensen das, was Sie da tun, auch noch mit entsprechenden Fachwörtern belegen und untermauern können.

Theoretisch muss es auch möglich sein, zu verladen, Fieber zu messen, Fachgespräche mit dem Futtermeister und Tierarzt zu führen, den Sattel fachgerecht zu pflegen, eine Trense zusammenzusetzen und zu verpassen oder ein Pferd nicht nur mit Gamaschen zu versehen, sondern zu bandagieren.

Bandagieren

Bandagen sind aus elastischem Material, ihr Anlegen muss sachgemäß erfolgen, um Blutstauungen, Druckschäden und Bewegungsstörungen zu vermeiden. Sie dürfen weder zu fest noch zu lose angelegt werden oder Falten schlagen. Zu abgehoben oder gar zu schnell beschrieben? Dann hier lieber noch eine ausführlichere Variante, damit es auch wirklich klappt: In der Mitte des Röhrbeins wird mit dem Bandagieren begonnen, um in kleinen Abständen zum Fesselkopf zu gelangen und in größeren Abständen wieder nach oben Richtung Vorderfußwurzelgelenk (vorne) oder Sprunggelenk (hinten) zu wickeln. Dort werden sie entweder mit Klettverschluss oder mit zwei Banden den zum Festbinden fixiert. Immer noch zu viel auf einmal, was dabei beachtet werden muss? Deswegen auch an dieser Stelle der Rat: Wer es sich nicht zutraut zu bandagieren, der sollte Gamaschen benutzen. Sie sind einfacher anzulegen und deshalb auch gebräuchlicher und sinnvoller für alle, die die Technik des Bandagierens nicht hundertprozentig beherrschen. Sinn und Zweck der Bandagen – wie auch der Gamaschen – ist es, die Pferdebeine zu schützen und Verletzungen vorzubeugen, nicht sie zu erzeugen.

Verhalten in Feld und Wald

Theoretisches Grundwissen über das reiterliche Verhalten in Feld, Wald und auf Straßen ist natürlich nicht nur für die Reiternadelprüfung sehr wichtig, sondern sollte auf jeden Fall beherrscht werden, da bestimmt jeder mal (un)freiwillig in die Lage kommt, sich dort zurechtfinden zu müssen.
Nach dem Reiten in der Reitbahn heißt es nur zu oft: „Lasst uns noch eine Runde zum Verschnaufen in den Wald gehen" oder Sie sind so hilfsbereit, Pferde von einer entfernten Koppel zu holen. Schon sind Sie Teilnehmer am Straßenverkehr und das noch mit einem Vierbeiner!

Für den Fall und weil es eben sehr wichtig ist, hier eine kleine **Checkliste mit den wichtigsten Tipps**:

▸ Die Ausrüstung des Pferdes muss vor jedem Ausritt aus Sicherheitsgründen auf ihren intakten Zustand kontrolliert werden.

▸ Die Ausrüstung des Reiters sollte, wie bei jeder Art von Reiterei, korrekt sein und den Sicherheitsbestimmungen entsprechen.

▸ Auf öffentlichen Straßen oder Wegen gilt für den Reiter die Straßenverkehrsordnung.

▸ Der Reiter mit Pferd muss sich wie ein Kraftfahrzeug im Straßenverkehr rechts halten, dementsprechend wird auch auf der rechten Seite geritten.

▸ Bei Dunkelheit muss der Reiter (oder der Reiterverband) nach vorn eine nicht blendende weiße Lampe tragen und nach hinten eine Leuchte mit rotem oder gelbem Blinklicht. Die Anbringung von Reflektoren an Reiter und Pferd dient in der Dunkelheit zusätzlich der Sicherheit und Unfallverhütung.

▸ Die Teilnahme am Straßenverkehr erfordert ständige Vorsicht und gegenseitige Rücksicht.

▸ Mehrere Reiter bilden gemeinsam einen geschlossenen Verband, welcher bis zu 25 m lang sein darf. Reiter sollen sich nicht verteilt in den Straßenverkehr begeben, denn der Herdendrang unter den Pferden darf nicht unterschätzt werden: Lieber gleich zusammen bleiben, damit nichts passiert.

▸ Reitgruppen überqueren im Schritt geschlossen und zügig die Straße (**Abteilung links um**)

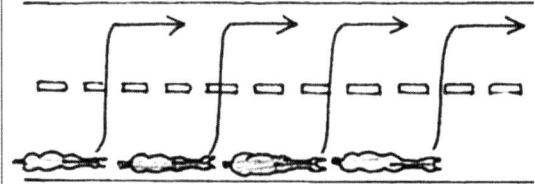

- **Es sollte niemand alleine ins Gelände reiten.**
- Sollte es sich doch einmal ergeben, dass Sie alleine ins Gelände reiten, bitte unbedingt Information über Weg und Dauer im Reitstall hinterlassen. Der Reiter sollte die eigene Anschrift und Telefonnummer ebenso ein Handy mit sich tragen.
- Die Zügel sollten beim Führen im Gelände und auf Straßen in beide Hände genommen werden, das gibt doppelte Sicherheit. Die Bügel sollten hochgeschoben und mit den Riemen verschlungen werden, da pendelnde Bügel das Pferd erschrecken oder es daran hängen bleiben könnte.
- „Weißes Schild mit rotem Rand und schwarzem Reiter" bedeutet Verbot für Fahrzeuge aller Art und für Reiter.
- Mit einem Schild „Weißer Reiter auf blauem Grund" sind offizielle Reitwege gekennzeichnet.

Wer mehr über das Reiten im Gelände erfahren möchte, der sollte seinen Ausbilder auf die Deutsche Reitpass-Prüfung ansprechen, die beschäftigt sich mit dem Thema „Gut ausgebildet ins Gelände". Vielleicht ist das der erste Schritt zum nächsten Abzeichen?

Auch Geländereiten will gelernt sein – feste Hindernisse überspringen erst recht.

![Korrektes Reiten von Hufschlagfiguren gelingt mit optischen Hilfsmitteln von Anfang an.]

Korrektes Reiten von Hufschlagfiguren gelingt mit optischen Hilfsmitteln von Anfang an.

In der Reitbahn

Nun aber zurück zur Reiternadel und zur Reitbahn, in der sich sicherlich die meisten reiterlichen Aktivitäten abspielen.

Um auch hier ein unfallfreies und geordnetes Reiten zu gewährleisten, ist es wichtig, dass jeder Reiter zum einen die Bahnordnung beherrscht (auf die sind wir im 2. Kapitel ja bereits näher eingegangen). Sie gewährleistet, dass die Reiter in Reitbahnen oder auf Reitplätzen gemeinsam ohne gegenseitige Behinderung trainieren können und dabei eine gewisse Bahndisziplin an den Tag legen: Das heißt, vorausschauendes Reiten und auch mal die Bahn „freigeben", wenn man merkt, dass der oder die Mitreiter noch nicht so geübt sind oder auch mal Schwierigkeiten bei der Verständigung mit dem Pferd haben. Dafür ist es absolut wichtig, dass jeder Reiter immer nach vorn

schaut – und nicht, wie oft zu beobachten, auf sein Pferd –, und zwar dorthin, wo er hinreiten möchte, um auch entsprechend schnell reagieren zu können, damit ein rechtzeitiges Ausweichen auch möglich ist. **Bedenke:** Der Blickwinkel des Reiters ist nicht identisch mit dem des Pferdes!

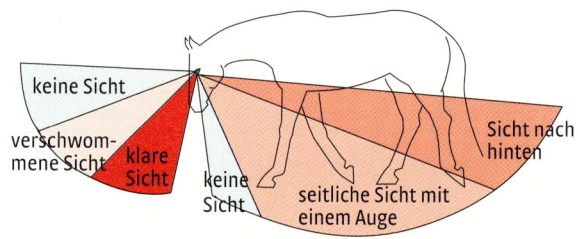

Die Hufschlagfiguren

Werden die Hufschlagfiguren korrekt geritten, kann eigentlich jeder auch im Ansatz erkennen, was die Mitreiter für einen Weg einschlagen werden, und so entsprechend früh die Bahn freimachen. Damit wären wir auch schon bei unserem nächsten Thema: Die Hufschlag- oder Bahnfiguren.

Die schriftlich genauer zu beschreiben, wäre zu viel des Guten, deswegen setzen wir hier zur Vermittlung lieber auf Zeichnungen.

Wir gehen von einer Reitbahn mit den üblichen Maßen von 20 x 40 Meter aus. Es gibt auch noch größere, wenn es um offizielle Maße für Turniere geht (20 x 60 Meter), aber dies ist hier nicht so wichtig. Wir bleiben bei 20 x 40 Meter und den dazugehörigen **Buchstaben** (siehe Abbildung 1):

Hier sind die Markierungen wie folgt: Die Buchstaben A und C kennzeichnen jeweils die Mitte der kurzen Seiten und die Punkte E und B die Mitte der langen Seiten. Die vier Wechselpunkte (M,F,K,H) sind jeweils sechs Meter von der kurzen Seite entfernt.

Die Punkte oder Kreise – 10 Meter von den kurzen Seiten entfernt – sind die sogenannten Zirkelpunkte, die gemeinsam mit „X" den jeweiligen Zirkel begrenzen. Sie haben den Punkt X auf keiner Linie in unserem Viereck gefunden? Eigentlich liegt der unsichtbare Punkt inmitten der Bahn auf ganz vielen Linien, wie Sie bei den nun folgenden Bahnfiguren feststellen können:

Bahnfiguren sind besonders schnell und leicht zu lernen, wenn mit optischen Hilfsmitteln gearbeitet wird:

Auf dem Mittelzirkel geritten

Durch die halbe Bahn ①, durch die ganze Bahn ②, durch die Länge der Bahn ③ wechseln, ganze Bahn ④, halbe Bahn ⑤

Auf dem Zirkel geritten ①, durch den Zirkel geritten ②, aus dem Zirkel wechseln ③

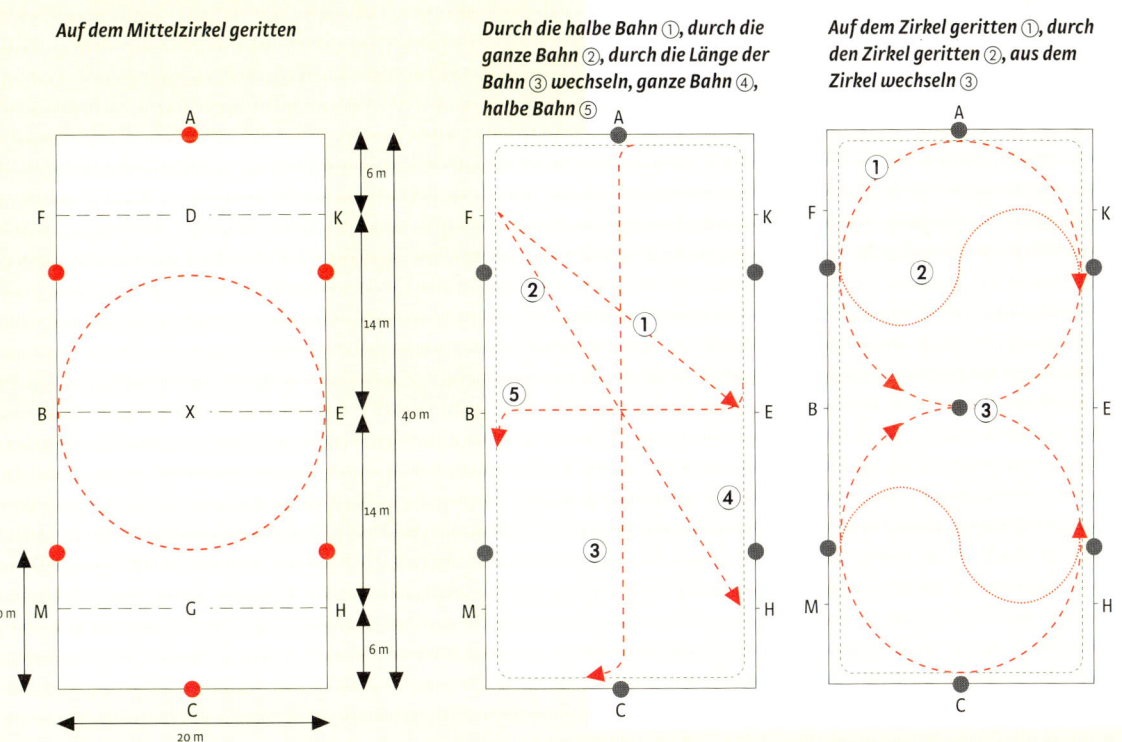

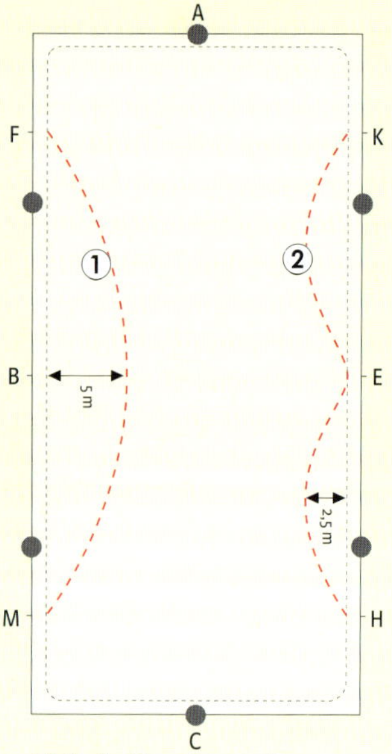

A — **F** — **K** — **B** — **E** — **M** — **H** — **C** (arena diagrams)

1. 2.
5 m / 2,5 m

Einfache ① und doppelte Schlangelinie ②.

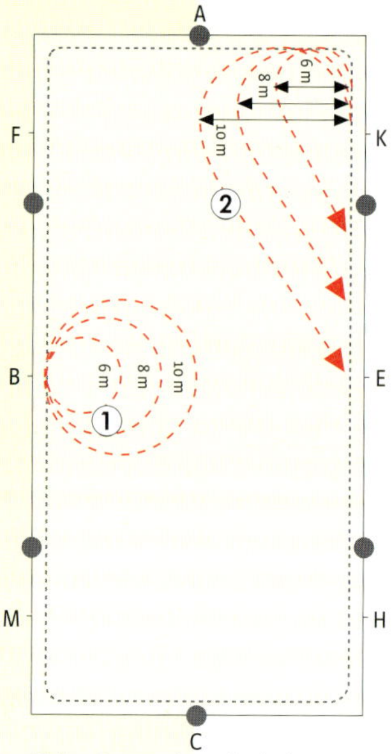

② / ① — 6 m / 8 m / 10 m — 8 m / 6 m / 10 m

Volte ①, aus der Ecke kehrt ②

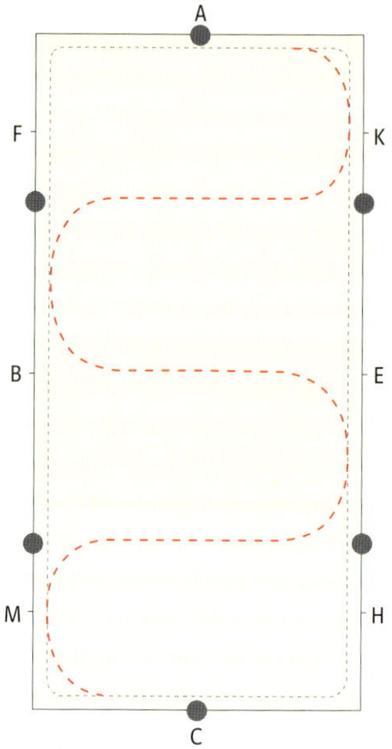

Schlangenlinie durch die ganze Bahn 4 Bogen

Bahnpunkte

Apropos lernen! Sie haben Schwierigkeiten, sich die Anordnung der Bahnpunkte zu merken? Wir haben da einen Tipp für Sie:

Mein **B**ester **F**reund **A**nton **K**ann **E**inen **H**eben. **C**herio! Und sicherlich gibt's in Ihrem Reitstall auch noch eine (landestypische) Variante. Nachfragen lohnt sich.

Und wenn die Hufschlagfiguren noch nicht so ganz sitzen sollten, dann nehmen Sie doch einfach Papier und Bleistift zur Hand und „reiten" so lange über das Blatt, bis Sie auch diese beherrschen.

Damit dürfte eigentlich alles zum Thema Reiternadel gesagt sein. Jetzt kommt es darauf an, das Gelesene umzusetzen und anzuwenden, und dann steht einer Teilnahme am Motivationsabzeichen nichts mehr im Wege. Wenn Sie bei Ihrer Erstausrüstung direkt auf **funktionelle Kleidung** achten, haben Sie außer den Kosten für die Prüfung auch keine weiteren finanziellen Belastungen.

Sinnvolle Erstausrüstung

Auch Hindernisstangen können eine gute optische Hilfe sein, wenn es z.B. darum geht, Abteilung linksum oder Abteilung rechtsum zu lernen.

Kombinierte Reiternadel

Zugelassen zur Prüfung sind Jugendliche, die im laufenden Kalenderjahr mindestens 16 Jahre alt werden, und alle Erwachsenen.

Im Gegensatz zur Reiternadel besteht die „Kombi-Reiternadel" nicht aus einem praktischen und aus einem theoretischen Teil, sondern aus drei sportlichen Teilprüfungen. Das heißt, an einem Tag oder an zwei aufeinander folgenden Tagen haben die Prüflinge im Rahmen des „Pferdeblocks" zu reiten und/oder zu voltigieren und aus dem „Ergänzungsblock" eine oder zwei weitere sportliche Betätigungen zu wählen und zu absolvieren.

Wir gehen davon aus, dass auch ein Kombi-Reiternadel-Anwärter Führen, Pflegen, Satteln und Trensen fachmännisch im Griff hat.

Unser Anliegen ist es sicher, für die Kombi-Prüfung zu

Mit der entsprechenden Übung kein Problem – weder der Holztanzboden noch das Flatterbandtor

werben, da sie unseres Erachtens nach ungeahnte Motivationsmöglichkeiten bietet. Sie kann so unterschiedlich aussehen, dass hier das Angebot des Dachverbandes FN, die Prüfung jährlich wiederholen zu können, ein echtes Event darstellt. Gemeinsamer Kombi-Reiternadel-Sporturlaub mit Freunden (an der See oder in den Bergen) mit zwei wertvollen Andenken – sprich Urkunde und Abzeichen – im Rückreisegepäck, das hat doch sicherlich etwas! Und damit niemand zu lange über mögliche Kombinationen grübeln muss, hier drei ganz konkrete Vorschläge, die aber nur anregen und keinesfalls einengen wollen.

Modell I:
Reiten z.B.
▶ Reiten einer Dressurprüfung der Kl. E (siehe FN-Aufgabenheft)
▶ Reiten mit verkürzten Bügeln auf dem Außenplatz, wenn möglich auch über Bodenwellen
▶ Springen einer kleinen Gymnastikreihe

(vier Sprünge), eventuell In-out-Sprung
▶ Geschicklichkeitsparcours:
· Golfballtransport durch einen Ständerslalomparcours
· Über einen (zwei mal vier Meter großen) künstlichen See (z.B.Silofolie) reiten
· Vom Sattel aus Tennisbälle in einen vier Meter entfernten Eimer mit Sandboden werfen – plus
Wandern oder Golfen Anforderungen bitte erfragen (bei der FN,Warendorf). Die Durchführung der Prüfung in weiteren Sportarten ist nämlich auf Antrag möglich.

Modell II:
Reiten z.B.
▶ Reiten eines Dressurreiterwettbewerbs inklusive der Beachtung der die Hufschlagfiguren vorgebenden Kegel, Stangen oder Blöcke
▶ Reiten mit verkürzten Bügeln auf einem Mini-Geländeritt

▸ Springen eines Mini-Parcours (drei Sprünge jeweils von beiden Seiten)

▸ Geschicklichkeitsparcours:

• Umreiten von Treckerreifen

• Einen Schaumstoffball mit einem Besen über eine bestimmte Distanz treiben

• Rückwärts richtend zwischen zwei Stangen „einparken"

Voltigieren z.B.Lösen einfacher Bewegungs-Einzel- und -Partneraufgaben im Schritt (auf beiden Händen)

Schwimmen 15 Minuten (andere Wasserratten beantragen z.B. Schnorcheln oder Surfen oder Segeln)

Modell III:

Reiten z.B.

▸ Reiten einer vierminütigen Musik-Quadrille in allen drei Grundgangarten

▸ Reiten mit verkürzten Bügeln beim Witwe-Bolte-Gedächtniszirkel: alle vier Reiter, verteilen sich auf einer Hand gleichmäßig auf dem Zirkelbogen. Dann erhält jeder das Ende einer (verkürzten) Longe in die Hand. Die freien Longenenden sind miteinander verknotet. Wie lange schaffen es die vier Reiter, sich (in jeder Gangart) im Kreis zu drehen, ohne dass der Knoten den Boden berührt?

▸ Springen eines Springreiterwettbewerbs (Hindernisse maximal 65 cm) (siehe Bild rechts).

▸ Geschicklichkeitsparcours:

• Schenkelweichend quer über eine am Boden liegende drei-Meter-Stange reiten

• Das Pferd mit geschlossenen Augen auf Zuruf (mit einem Helfer in der Nähe) durch ein „L" führen.

• Aus dem Sattel an einer Schiffsglocke oder Ähnlichem läuten

• Mit einem Partner gemeinsam (jeder auf seinem Pferd sitzend) einen Schaumstoffball von A nach B transportieren, wobei nur eine linke und eine rechte Hand zum Transporteinsatz kommen dürfen.

(Beach-)Volleyball: 15 Minuten inklusive Pritschen, Baggern, Aufgabe von unten

Radfahren oder Rollern: 30 Minuten – wobei nicht vorgegeben ist, ob auf der Straße oder im Gelände (Helm nicht vergessen), oder wie wäre es mit großen Rädern bzw. Kutsche fahren?

Als erster „Appetitanreger" dürften diese Beispiele zunächst genügen.

Jetzt kommt es darauf an, genügend Gleichgesinnte für eine Prüfung zu finden und erst die Ausbildung und dann die Prüfung zu koordinieren. Mit dem entsprechenden Einsatz und der nimmermüden Motivation heißt es dann sicherlich irgendwann: „Bestanden!"

Springtraining

Motivationsabzeichen und mehr von A bis Z

Mit diesem „Mini-Lexikon" möchten wir eventuell noch bestehende Lücken in der Theorie schließen – ansonsten bleibt eigentlich nur noch der Wunsch: Viel Spaß und Erfolg beim Training und in der Prüfung! Hier nun das „Kleine-, Große Hufeisen und Reiternadel – ABC".

- A -

▶ **Aalstrich**

Dunkler Streifen vom Widerrist bis zum Schweif im Fell des Pferdes.

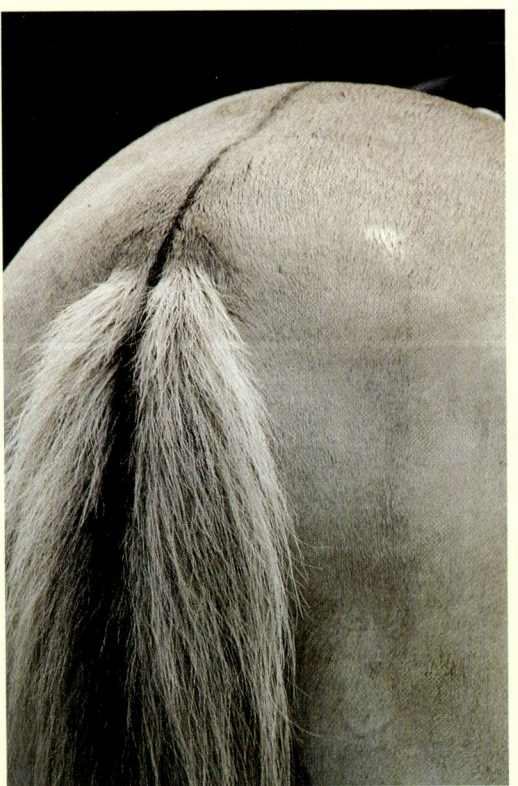

▶ **Abladen**

Ein Pferd oder Pony von einem Anhänger oder Transporter herunterholen.

▶ **Absatteln**

Allgemein „Ausziehen" des Pferdes oder Ponys. Befreien von Sattel, Hilfszügel, Gamaschen und Trense. Achtung: Steigbügel vorher hochziehen nicht vergessen.

▶ **Abteilung**

Die Schüler einer Reitstunde bilden z. B. eine Abteilung und reiten dann (je nach Kommando) hintereinander her.

Natürlich auch beim Turnier: Eine Jugendreiterprüfungsabteilung

Abzeichen
Weiße Haarstellen in verschiedenster Form am Kopf und an den Beinen des Pferdes.

Anlehnung
Die weiche oder stetige Verbindung zwischen der Reiterhand und dem Pferdemaul.

APO
Ausbildungs-Prüfungs-Ordnung = Das „Ausbildungsgesetzbuch" der Deutschen Reiterlichen Vereinigung. Dort steht auch alles über Leistungs- und Motivationsabzeichen.

Aufladen
Ein Pferd oder Pony auf einen Anhänger oder Transporter führen.

Aufsatteln
Allgemein „Anziehen" des Pferdes oder Ponys mit Sattel, Trense, Hilfszügel und Gamaschen für das Training oder für die Prüfung.

Aufsitzen
Aktion, um in den Sattel zu kommen.

Aufwärmen
Wie in jeder anderen Sportart, sollte es auch beim Reiten logisch sein, dass die Aktiven ihren Körper mit entsprechenden spielerischen Gymnastik-Übungen auf „Betriebstemperatur" bringen. Nur Mut: Vieles fällt dann in der Stunde leichter und die Pferde haben auch ihr Gutes davon.

Auktion
Pferdeversteigerung.

Ausbinder/Ausbindezügel
Hilfszügel, der beim Reitanfänger unentbehrlich ist, da er die Anlehnung vorgibt und das Pferd dadurch leichter zu reiten ist.

- B -

Bandagen
Circa acht bis zehn Zentimeter breite und zweieinhalb bis drei Meter lange elastische Binde, die mit und ohne Unterlage um den unteren Teil der Pferdebeine gewickelt wird, um dies zu schützen und zu stützen.

Bande
Umrandung der Reit- oder Longierhalle bzw. abgeschrägte Schutzwand entlang des Hufschlags.

▸ **Behang**
Behaarung an den Gliedmaßen, je länger desto pflegeintensiver.

▸ **Bereiter**
Anerkannter (Ausbildungs-)Beruf mit dem Arbeitsplatz Reithalle, Stall und Turnierplatz.

▸ **Biegung**
Ein Pferd ist über seine Längsachse (vom ersten Halswirbel bis zum letzten Schweifwirbel) immer so gebogen, wie die Linie, auf der es läuft.

▸ **Box**
„Einzelzimmer" eines Pferdes im Stall mit mindestens drei Meter mal dreieinhalb Meter Grundfläche.

▸ **Brandzeichen**
In vielen europäischen Ländern übliche Kennzeichnung von Pferden als Herkunftsnachweis. Brandzeichen werden dem Pferd meist mit glühend heißem Eisen auf den Hinterschenkel eingebrannt.

▸ **Brauner**
Pferd mit bräunlichem Deck- und schwarzem Langhaar.

▸ **Bügelriemen**
Teil des Sattels, der je nach Beinlänge des Reiters verschnallt wird und sorgfältig gepflegt werden muss.

- C -

▸ **Cavaletti**
Kleine, etwas höhenverstellbare Bodenricks, die bei der Arbeit mit dem Pferd genutzt werden können.

▸ **Charakter**
Das Verhalten des Pferdes dem Menschen oder anderen Pferden gegenüber. Teil des Interieurs (Wesen) des Pferdes, der dann auch das Verhalten des Tieres in ganz bestimmten Situationen einschließt.

▸ **CHI**
Internationales Reitturnier.

▸ **CHIO**
Offizielles internationales Reitturnier.

Fliegendecke

- D -

▸ **Decke**
Zum Abschwitzen oder zu Transportzwecken oder witterungsbedingt eingesetztes Textil.

▸ **Doping**
Unerlaubte Machenschaften, die die Leistungsfähigkeit des Pferdes steigern oder optimieren sollen.

▸ **Dressur**
Gymnastizierung des Pferdes nach klassischen Methoden unter dem Sattel zur optimalen Ausbildung des Bewegungsapparates.

▸ **DRA**
Deutsches Reitabzeichen – Leistungsabzeichen im Pferdesport.

▸ **Druckstellen**
Sie entstehen, wenn die Pferde nicht sorgfältig geputzt werden, die Satteldecke verklebt ist, der Sattel falsch gepolstert ist oder nicht passt.

▸ **Durchlässigkeit**
Oberstes Ziel der Skala der Ausbildung des Pferdes. Ein durchlässiges Pferd reagiert willig auf die Reiterhilfen.

▶ **Durchparieren**
Das korrekte Übergehen von einer höheren Gangart in eine niedrigere bzw. zum Halten.

- E -
▶ **Englisch Traben**
Alte Bezeichnung für Leichttraben.
▶ **Equidenpass**
„Personalausweis" des Pferdes, in dem unter anderem auch alle Abzeichen des Tieres und auch seine Impfungen aufgeführt sind.
▶ **Equipe**
Eine Reitermannschaft, die zusammen ein (internationales) Turnier bestreitet.
▶ **Erste Hilfe**
sollten Ausbilder und Aktive leisten können. Ein entsprechender Kasten gehört in jede Vereinshalle und in jeden Pferdebetrieb, ein entsprechendes Team auf jeden Turnierplatz.
▶ **Exterieur**
Die äußeren Merkmale (das Aussehen) eines Pferdes.

- F -
▶ **FEI**
Internationale Reiterliche Vereinigung.
▶ **Flanken**
Partie am Pferdekörper zwischen dem hinteren Rippenrand und der Kruppe.
▶ **FN**
Deutsche Reiterliche Vereinigung (Sitz in Warendorf).
▶ **Fohlen**
Pferdebaby.
▶ **Fuchs**
Pferd mit rötlich-braunem Deck- und Langhaar

- G -
▶ **Galopp**
Grundgangart des Pferdes im Dreitakt.

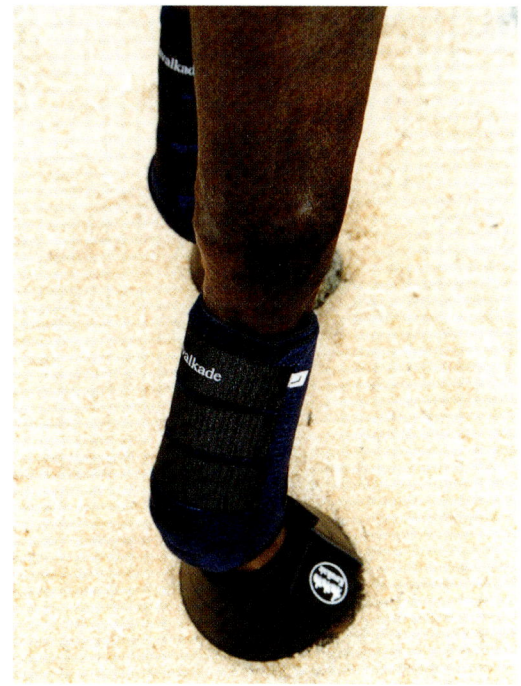
Gamaschen und Sprungglocken

▶ **Gamaschen**
Vorgeformter, stabiler Beinschutz.
▶ **Gebiss**
(Metall-) Mundstück, welches am Trensenzaum befestigt ist und in das die Zügel eingehakt werden.
▶ **Gehorsam**
Den Reiterhilfen in gewünschter Form nachkommendes Pferd.
▶ **Genickstück**
Riemen des Kopfstückes, der hinter den Ohren liegt.
▶ **Gerte**
Hilfsmittel für den Reiter in „Stockoptik", je nach Disziplin unterschiedlich lang und elastisch.
▶ **Grundgangarten (GGA)**
Die geläufigsten sind Schritt, Trab und Galopp. Manche Pferde haben mehr zu bieten: Pass und Tölt.

- H -

▸ Halfter

Gebissloses Kopfstück, welches das Pferd beim Führen und Geputztwerden trägt.

▸ Handwechsel

Der Reiter, der bisher linke Hand geritten ist, soll nun rechte Hand reiten und umgekehrt. Gewechselt wird grundsätzlich nur mit einer korrekten Hufschlagfigur.

▸ Hengst

Männliches, fortpflanzungsfähiges Pferd.

▸ Hilfen

Verständigung mit dem Pferd. Unterscheidung in Gewichts-, Schenkel- und Zügelhilfen.

▸ Huf

Fuß des Pferdes, der gut gepflegt werden muss, da er die Last des Pferdes und des Reiters zu tragen hat.

▸ Hufeisen

Metallener Schutzbeschlag der Pferdehufe oder auch Glücksbringer.

▸ Hufschlag

„Fußspuren", die die Pferde auf dem Reitbahnboden hinterlassen. Wenn jedoch vom Hufschlag die Rede ist, wird meist nur genau die ausgeprägte Spur entlang der Bande gemeint.

▸ Hufschlagfiguren

Vorgeschriebene Reitwege der Reithalle oder auf dem Dressurviereck, deren Namen und Linienführung von jedem Reiter zu lernen sind.

▸ Hufschmied

Fachmann, der die Pferdehufe regelmäßig kontrolliert, ausschneidet und/oder beschlägt. Anerkannter Ausbildungsberuf.

- I -

▸ Impfungen

Vorbeugende Maßnahme zur Abwehr von (zum Teil tödlichen) Krankheiten z. B. Tetanus, Herpes, Tollwut Influenza.

▸ Instinkt

Angeborenes Verhalten, das bei Pferden gut entwickelt und zum Teil Ursache für Verweigerungen oder letzte Rettung aus misslicher Situation ist.

- J -

▸ Jodhpurhose

Lange Reithose, zu der der Reiter keine Stiefel sondern Stiefeletten trägt.

▸ Jodhpurstiefel

Anderer Ausdruck für kurze Stiefel oder Stiefeletten. Gerade im Kinder- und Jugendbereich eine (finanziell) sinnvolle Lösung.

Hufschmied bei der Arbeit

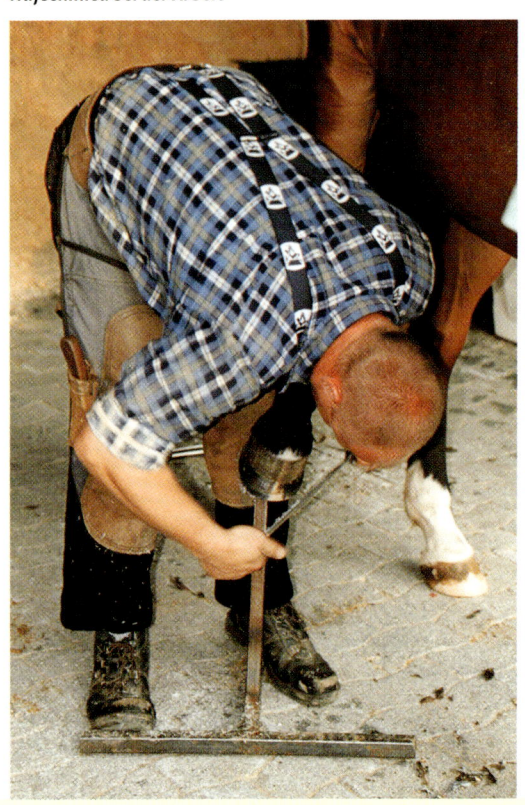

- K -

▸ Kaltblut
Temperamentsbezeichnung – Sammelbegriff für alle schweren Arbeitspferde.

▸ Kappe
Zur Grundausstattung des Reiters gehörende Kopfbedeckung mit 4-Punkt-Sicherung (nach DIN).

▸ Kappzaum
Ein am Nasenriemen gut gepolsterter und mit Ösen versehener Zaum.

▸ Kastanie
Hornige Stelle in Kastanienform an der Innenseite der Pferdebeine.

▸ Koppel
Eingezäunte Weidefläche.

▸ Kraftfutter
Energiefutter für das Pferd (z. B. Hafer, Gerste oder Mais).

▸ Kruppe
Hinterer Teil des Pferderückens (fast direkt hinter dem Sattel gelegen).

- L -

▸ Lahmen
Das Pferd lahmt, wenn es mit einem Bein vorsichtiger oder kaum auftritt oder gar hinkt.

▸ Leckerlies
Pferdebelohnung.

▸ Leistungsabzeichen
Basispass Pferdekunde, DRA IV – I und das DRA in Gold sind die Leistungsabzeichen im Reitsport und im Gegensatz zu den Motivationsabzeichen an erhöhte bis sehr hohe Leistungen geknüpft.

▸ Lockern
Neben Dehnen und Kräftigen wichtiger Bestandteil des Aufwärmens vor dem eigentlichen Reiten, was nur all zu häufig vergessen wird.

▸ Longe
Etwa neun Meter lange Leine aus Gurt, die beim Longieren in den inneren Trensenring oder den Kappzaum eingeschnallt und vom Longenführer gehalten wird.

▸ Lösen
Bevor der Reiter mit seinem Pferd die tägliche Trainingsarbeit aufnehmen kann, muss das Pferd oder Pony mindestens 10 Minuten im Schritt geritten werden und dann auf großen Bögen oder Linien im Trab und Galopp bewegt werden (um Kaltstartverletzungen vorzubeugen).

Einmal kurz unbeobachtet: Leckerlis in Selbstbedienung

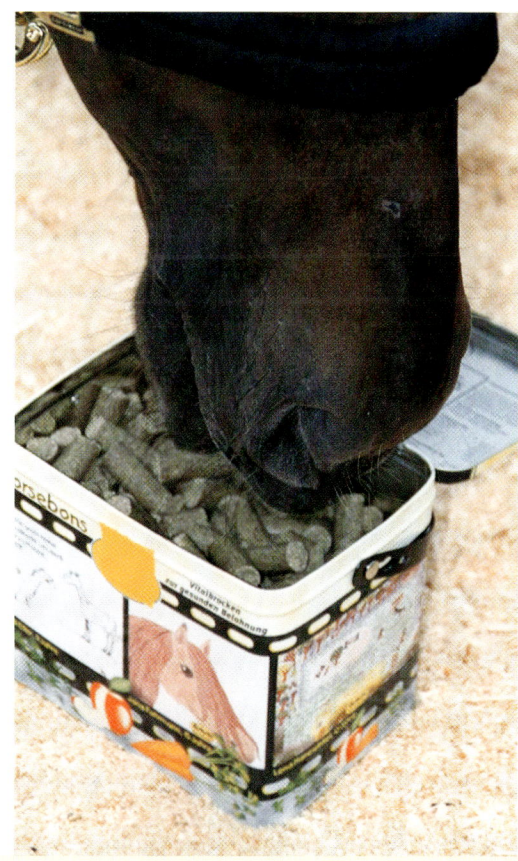

Losgelassenheit
Ohne innere und äußere Losgelassenheit bei Reiter
und Pferd ist kein korrektes Reiten möglich. Ist einer
von beiden verkrampft oder verspannt, ist der Erfolg
der Arbeit in Gefahr.

LPO
Leistungsprüfungsordnung. Durchführungsbestim-
mungen für Turniere seitens des nationalen Dachverbandes (FN).

Literaturtipps
sind auf S. 46 zu finden, hier daher nur einige Inter-
nettipps:
www.pferd-aktuell.de
www.pferdecity.de
www.kosmos.de

- M -

Mähne
Langhaar (Behang) entlang des Pferdehalses.

Martingal
Hilfszügel, der vorwiegend beim Springen und bei
Geländeritten genutzt wird.

Meldestelle
Organisationsbüro auf Turnierplätzen. Anlaufstelle
für die aktiven Reiter.

Motivationsabzeichen
Kombiniertes-, Kleines- und Großes Hufeisen sowie
Reiternadel.

Musik
läuft heutzutage fast bei allen Pferdesportveranstal-
tungen im Hintergrund oder wird sogar reitend in
Bewegung umgewandelt.

- N -

Nachgeben
Verminderung des Gebissdrucks im Pferdemaul.

Nachgurten
Festziehen des Sattelgurtes nach der zehnminütigen

Übungs- und Zeitintensiv: Ein „Netz aus Mähne"

Reitphase zu Stundenbeginn und dem Abreiten. Wird
das Sattel-„Korsett" sofort zu eng gezogen, kann Sat-
telzwang die Folge sein.

Nachgurten aus dem Sattel

▸ Nasenriemen

Teil des Zaumzeugs, der beim Auftrensen als erster geschlossen werden sollte, um größtmöglichen Einfluss auf das Pferd auch in dieser Situation zu gewähren.

▸ Nennung

Vorgegebenes Anmeldeformular für den Start beim Reitertag und Turnier.

- O -

▸ Olympische Spiele

Zu allen Sommerspielen gehören sie heutzutage dazu – die Pferde. Leider sind jedoch noch lange nicht alle Pferdesportdisziplinen olympisch.

▸ Offenstallhaltung

Überdachter, nur einseitig offener Stall mit Fressständen und Liegefläche mit direkt anschließendem Auslauf.

▸ Offene Fragen

Der wichtigste Ansprechpartner in Sachen Pferd ist sicherlich der eigene Ausbilder. Aber auch Prüfer und Richter können die richtigen sein, um zu helfen. Futtermeister, Hufschmied und Tierarzt sind außerdem sehr wichtige regelmäßige Gesprächspartner. Darüber hinaus sollte sich jeder Reiter und Pferdebesitzer eine eigene kleine Bibliothek anlegen, um das eigene Wissen ständig zu erweitern.

Außerdem empfiehlt sich ein Blick ins Internet – in der Regel bieten die Suchmaschinen mehr, als man lesen kann:

www.goggle. de, www.blinde-kuh.de, www.dino-online.de/sport.html, www.yahoo.de

▸ Oxer

Zwei fast gleiche Hindernisse, die gleich hoch hintereinander aufgebaut und mit einem Sprung zu überwinden sind.

- P -

▶ Paddock
Begrenzter Auslauf eventuell direkt mit „Box-Anschluss".

▶ Parade
Es gibt halbe und ganze Paraden. Das heißt der Reiter „umschließt" das Pferd vermehrt mit seinen Hilfen z.B. zur Mäßigung des Tempos, Verbesserung der Haltung des Pferdes oder zum Übergang in eine andere Gangart. Ganze Paraden führen aus jeder Gangart immer zum Halten oder Stehen.

▶ Parcours
Aus dem Französischen stammende Bezeichnung für den Weg vom Start bis zum Ziel bei einem Springen.

▶ Pauschen
Polsterung unter dem Sattelblatt für die Sicherung der Lage des Reiterbeins.

▶ Peitsche
Verlängerter Arm des Longenführers bei Longenstunden, vergleichbar mit der Gerte beim Reiten.

▶ Pferdepflege
Sachgerechte Pferdehaltung, -fütterung und Körperpflege sollten für alle Zweibeiner ihrem Sportkameraden gegenüber selbstverständlich sein.

▶ Pony
Ponys sind keine bestimmte Rasse, sondern kleine Pferde bis maximal 1,47 Meter Stockmaß.

▶ PS
Von James Watt (Erfinder der Dampfmaschine) eingeführte Abkürzung für Pferdestärke.

▶ Putzzeug
Materialien und Bürsten zur Körperpflege des Pferdes.

- Q -

▶ Quadrille
Vorstellung von mehreren Pferden in kunstvollen Hufschlag-Figuren nach Klängen der Musik. Die Zahl der Teilnehmer muss sich immer durch vier teilen lassen.

- R -

▶ Rappe
Pferd mit schwarzem Deck- und Langhaar.

▶ Raufutter
Neben Kraft- und Saftfutter wichtigste Futterart (z.B. Heu oder Stroh oder Anwelksilage).

▶ Reithose
Beinkleid ohne störende Nähte, eng anliegend, mit und ohne Lederbesatz.

▶ Reitstiefel
Zur Grundausstattung des Reiters gehörende Fußbekleidung aus Gummi oder Leder.

▶ Richter
Geprüfter Sachverständiger, der die Abzeichen abnehmen darf und beim Turnier für die Leistungsbewertung und Kontrolle zuständig ist.

▶ Richtlinien
Standardwerke der FN mit Grundsätzen zum Reit-, Fahr- und Voltigiersport sowie zur Pferdehaltung.

▶ Rosse
Brunftperiode der Stute. Zeit, in der die Stute tragend werden kann.

- S -

▶ Saftfutter
(z.B. Gras, Möhren, Rüben) ist die bedeutendste Futtergruppe neben Kraft- und Raufutter.

▶ Sattel
Je nach Disziplin sehr unterschiedlich aussehende „Sitzgelegenheit" für den Reiter auf dem Pferderücken.

▶ Satteldruck
Durch einen falsch liegenden oder unpassenden Sattel verursachte Druckstellen, die bis zum Abheilen ein weiteres Reiten des Pferdes unmöglich machen.

▶ Schabracke
Sattelunterlage in Rechteckform, an der auch die Startnummern angebracht werden können.

Nicht so platzintensiv wie Box und Paddock: die „Doppelbox"

▸ **Schecke**
Pferd mit großen Farbklecksen.

▸ **Scheuen**
Verunsicherung oder Flucht des Pferdes vor Dingen, die es erschrecken.

▸ **Schimmel**
Sammelbegriff für weiße Pferde.

▸ **Schritt**
Grundgangart des Pferdes im Viertakt.

▸ **Selbsttränke**
Vorrichtung, die es Pferden erlaubt, in „Selbstbedienung" Wasser zu trinken.

▸ **Sicherheitsweste**
Eng anliegendes „steifes" ärmelloses Oberteil zum Schutz des Oberkörpers des Reiters, insbesondere für junge Reiter sehr empfehlenswert.

▸ **Sinnesorgane**
Da das Pferd vom Ursprung her ein Steppen- und Fluchttier ist, sind sie besonders gut entwickelt und leistungsfähig.

▸ **Sporen**
gehören nur an Absätze gut sitzender Reiter und dienen zur Unterstützung der Hilfengebung.

▸ **Stall**
Wohnung des Pferdes.

▸ **Startnummer**
Bei einem Turnierstart oder sogar bei einer Abzeichenprüfung am Kopf zu tragende Zahl.

▸ **Steigbügel**
Sind mit den Bügelriemen am Sattel befestigt und so schwer, dass ihre Position gleich bleibt, auch wenn der Reiter sie einmal verliert und wieder aufnehmen muss. Sie sehen je nach Reitweise sehr unterschiedlich aus, sollten aber immer nur Fußstütze sein.

▸ **Steilsprung**
Hindernis aus direkt übereinander hängenden Stangen oder Balken. Dieser Sprung ist also nur hoch und nicht auch noch tief (siehe Oxer).

▸ **Streichkappe**
Kurzer Beinschutz für die Hinterbeine.

▸ **Stute**
Weibliches Pferd.

- T -

▸ **Takt**
Jede Gangart hat ihren Takt, der auch mit zunehmendem Alter immer noch klar zu erkennen sein sollte.

▸ **Tete**
Französisch für Kopf. Alter Ausdruck für den Anfangsreiter einer Abteilung.

▸ **TN**
Häufig genutzte Abkürzung für Teilnehmer.

▸ **Trab**
Grundgangart des Pferdes im Zweitakt.

▸ **Trainer**
Lizensierter Ausbilder im Pferdesport, der aktiv die Aus- und Fortbildung der Zwei- und Vierbeiner betreibt.

▸ **Trense**
Kopfstück des Pferdes bei Training und Wettkampf.

Wichtigstes Element ist das Reithalfter, als da wären: englisches, kombiniertes, hannoversches oder mexikanisches.

▸ **Turnier**
(Mehrtägiger) Vergleichswettkampf von Reiter und Pferden mit vorgegebenem Reglement (LPO).

- U -

▸ **Ungehorsam**
Das Pferd widersetzt sich den Hilfen des Reiters.

- V -

▸ **Verletzungsprophylaxe**
Um Verletzungen vorzubeugen, sollte der Reiter richtig gekleidet sein (z.B. Kappe nach DIN – Norm),

Sicherheitsweste

keinen Schmuck tragen und sich ordentlich vor dem eigentlichen Reiten warm machen.

▸ Vollblut
Sehr edles, hoch im Blut stehendes (Renn-)Pferd. Übersetzung des englischen „Thoroughbred". Hinter ihrem Namen steht das xx.

▸ Voltigieren
Pferdesportdisziplin („Turnen" auf dem Pferd), in der ebenfalls Motivations- und Leistungsabzeichen erworben werden können.

▸ Vorderhand
Die gesamte vordere Partie eines Pferdes.

▸ Vorderfußwurzelgelenk
Gelenk in der „Hälfte" Des Vorderbeine, welche häufig fälschlich als Knie bezeichnet wird.

- W -

▸ Wallach
Männliches, nicht mehr fortpflanzungsfähiges (kastriertes) Pferd.

▸ Warmblut
Temperamentsbezogene Einteilung. Im Bundesgebiet gehören alle „edleren" Reit-, Voltigier- und Wagenpferde zu den Warmblütern.

▸ Weidegang
... ist für alle Pferde oder Ponys gesund und wichtig, da es die gelungenste Kombination aus Futteraufnahme, Bewegung und Beschäftigung darstellt. Untugenden haben bei ausreichendem Weidegang selten eine Chance.

▸ Wertnoten
Werden auf Reitturnieren in der Dressur oder bei Stilspringprüfungen gegeben und führen (je nach Höhe) z.B. zu einer Platzierung.

▸ Widerrist
Knöcherner, haut- und fellbedeckter Übergang vom Pferdehals zum Pferderücken.

▸ Wiehern
Lautäußerung des Pferdes.

- Z -

▸ Zaumzeug
Kopfstück des Pferdes bei der Arbeit (s.a. Halfter), welches mit Sattel und Hilfszügel die Grundausstattung des Pferdes ergibt.

▸ Zirkel
Hufschlagfigur (Kreisbogen), auf dem das Pferd z.B. bei Longenstunden läuft. Generell gilt, dass die Hinterbeine der Spur der Vorderbeine folgen sollten. Der kleinste Zirkel ist die Volte.

Zum Weiterlesen

Hat Euch der Ratgeber gefallen?
... dann empfehlen wir die anderen Bände dieser Reihe und ...

Gast / Gast: Kleines Hufeisen. FN Verlag, Warendorf 2001

Gast / Gast: Reiten lehren lernen. FN Verlag, Warendorf 2000

Gast / Gast: Sattelfest. FN Verlag, Warendorf 2000

Gast / Gast: Mit 1 PS durch Europa, Kavalkade, Warendorf, 2000

Gohl, Christiane: Das Kosmos-Buch der Pferde und Ponys. Kosmos Verlag, Stuttgart 1995

Gohl, Christiane: Das Kosmos-Buch vom Reiten. Kosmos Verlag, Stuttgart 1991

Gohl, Christiane: Pferdekunde. Kosmos Verlag, Stuttgart 1999

Gohl, Christiane: Pferde verstehen; Im Umgang und beim Reiten: Körpersprache richtig deuten. Kosmos Verlag, Stuttgart 2001

Hölzel, Petra und Wolfgang: Mentales Training für Reiter. Kosmos Verlag, Stuttgart 2001

Hölzel, Petra: Die Reitabzeichen. Kosmos Verlag, Stuttgart 2000

Hölzel, Petra: Basis-Pass Pferdekunde; Vorbereitung auf die praktische und theoretische Prüfung,. Kosmos Verlag, Stuttgart 2000

Hölzel, Petra: u. Wolfgang: Der Reitpass; Vorbereitung auf die praktische und theoretische Prüfung. Kosmos Verlag, Stuttgart 2000

Krämer, Monika: Pferde erfolgreich motivieren. Kosmos Verlag, Stuttgart 1998

LPO. FN-Verlag, Warendorf 1999

Single, Karl; Raue, Thomas: Reiten lernen. Kosmos Verlag, Stuttgart 1999

Stahlecker, Fritz: Das motivierte Dressurpferd. Kosmos Verlag, Stuttgart 2000

Tietje, Ute: Westernreiten. Kosmos Verlag, Stuttgart 2000

Urlaub im Sattel; Deutschlands schönste Ferienhöfe. FN Verlag, Warendorf, 2001

Uraub auf dem Bauernhof. DLG Verlag, Frankfurt, 2001

Nützliche Adressen

Deutsche Reiterliche Vereinigung e.V. (FN)
Freiherr-von-Langen-Str. 13
48321 Warendorf
Tel. 02581-63620
Fax 02582-62144
www.fn-dokr.de

FS Test Zentrum Reken
Frankenstr. 37
48734 Reken
Tel. 02864-24 34
Fax 02864-58 60
www.fs-reitzentrum.de

TV Produktion und Video Verlag
Thomas Vogel
Hehrenwiese 8
27299 Langwedel
Tel. 04232-9310-0
Fax 04232-9310-1
www.videopost.de

Impressum

Bildnachweis Farbfotos von Christine Gast/ Ulrike Gast, Lennestadt (68). Farbzeichnungen von Cornelia Koller, Schierhorn (S. 13, 28, 29, 30). Schwarzweißzeichnungen von Gisela Holstein, Irland (S. 26).

Umschlag von eStudio Calamar unter Verwendung von 3 Farbfotos von Christine Gast/ Ulrike Gast, Lennestadt.

Mit 71 Farbfotos, 10 Farbzeichnungen,
1 Schwarzweißzeichnung.

Die Deutsche Bibliothek – CIP-Einheitsaufnahme
Ein Titelsatz für diese Publikation ist bei der
Deutschen Bibliothek erhältlich

Gedruckt auf chlorfrei gebleichtem Papier

Kosmos Verlag Mitglied in der

Deutsche Vereinigung zum
Schutz des Pferdes e.V.
Wienkamp 11 rechts
46354 Südlohn

Informationen senden wir Ihnen gerne zu

Bücher · Kalender · Spiele
Experimentierkästen · CDs · Videos

Natur · Garten & Zimmerpflanzen ·
Heimtiere · Pferde & Reiten ·
Astronomie · Angeln & Jagd ·
Eisenbahn & Nutzfahrzeuge ·
Kinder & Jugend

© 2002, Franckh-Kosmos Verlags-GmbH & Co.,
Stuttgart
Alle Rechte vorbehalten
ISBN 3-440-09200-3
Redaktion: Silke Behling
Gestaltungskonzept: eStudio Calamar
Satz: Atelier Krohmer, Dettingen
Produktion: Kirsten Raue/ Markus Schärtlein
Printed in Germany / Imprimé en Allemagne
Druck und Binden: Huber KG, Dießen

Postfach 10 60 11
D-70049 Stuttgart
TELEFON +49 (0)711-2191-0
FAX +49 (0)711-2191-422
WEB www.kosmos.de
E-MAIL info@kosmos.de

Ratgeber Pferde

Alles drin, klar und übersichtlich, aus erster Hand

Wittek
Kräuter und Tees für Pferde
ISBN
3-440-09049-3

Christiane Gohl
Das Einmaleins des Reitens

ISBN 3-440-09053-1

In diesem Buch aus der Kosmos Ratgeber-Reihe finden Sie alles Wichtige für den Anfang Ihrer Reiterkarriere: der richtige Umgang mit dem Pferd, die Hilfe beim Reiten in allen Gangarten, der erste Ausritt in der Gruppe. Einer harmonischen Partnerschaft zwischen Reiter und Pferd steht nach dieser Lektüre nichts mehr im Wege!

Merklin
Spiel und Spaß mit Pferden
ISBN
3-440-09051-5

Neumann-Cosel
Pferde verstehen leicht gemacht
ISBN
3-440-09052-3

Schmidt
Longieren – sinnvoll und richtig
ISBN
3-440-09050-7

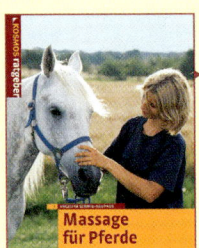

Schmid-Neuhaus
Massage für Pferde
ISBN
3-440-09054-X